Mirjam Blake-Miethe
(Herausgeberin)

Nicht zu glauben!

Geschichten & Reflexionen
(Reflexionen von Mirjam Blake-Miethe)

Herausgegeben von
Mirjam Blake-Miethe

Nicht zu glauben!
Geschichten & Reflexionen
Umschlaggestaltung: Anita Gewald
Lektorat/Satz: Ruth Huber
Druck: Schneider-Druck,
Rothenburg ob der Tauber
Best.-Nr: 544
ISBN: 978-3-86392-077-7

www.neuesbuch.de

Inhalt

Vorwort

„Nicht zu glauben!“ – da steht ein Mann in einem Friseursalon und behauptet, es gäbe keine Friseure. Mit dieser Provokation will er dem Friseur näherbringen, dass Gott in unserer Welt nur existieren und wirken kann, wenn wir ihn lassen.

Kaum zu glauben – das sind für manchen nicht nur Gottes Wunder, sondern auch die Kräfte und Gefühle, die ganz normale Menschen entwickeln, wenn sie sich um andere kümmern.

Diese Geschichten-Sammlung will daran erinnern, wie viel Wunderbares Menschen erschaffen können, wenn sie ihren Nächsten lieben, respektieren und unterstützen. Die Gleichnisse und Erzählungen sind besonders und ungewöhnlich, doch kann jeder von uns dafür sorgen, dass ihre moralischen Werte im Alltag wahr werden.

Passende Reflexionen und Bibelzitate geben weitere Impulse, die den Geschichten noch mehr Tiefe verleihen. Nicht zu glauben? Finden Sie es heraus!

Nicht zu glauben!

Ein Mann saß wieder einmal bei seinem Friseur und ließ sich die Haare schneiden. Wie so oft unterhielten sich die beiden dabei angeregt. Der Friseur sagte während des Gesprächs: „Ich kann nicht glauben, dass es Gott gibt!“

Der Mann fragte ihn überrascht: „Warum nicht?“

„Nun“, antwortete der Friseur. „Schauen Sie doch nur in die Zeitung. Krieg, Gewalt, Leid und Armut – ich kann nicht an einen Gott glauben, der das zulassen würde.“

Darauf wusste der Kunde nichts mehr zu sagen. Er schwieg, bis der Friseur die Haare fertig geschnitten hatte, zahlte und ging.

Auf der Straße kam ihm ein Mann mit langen, fettigen Haaren entgegen, der noch dazu einen ungepflegten Bart trug. Da hatte er eine Idee. Deshalb drehte er sich um und ging schnell zurück zum Friseur.

„Haben Sie etwas vergessen?“, wollte dieser wissen.

Der Kunde lächelte und sprach: „Es gibt keine Friseure!“

„Wie können Sie das sagen? Ich habe Ihnen doch vor ein paar Minuten die Haare geschnitten, in meinem Friseur-Salon und ich bin ein Friseur!"

Der Mann zeigte aus dem großen Fenster des Friseur-Salons auf die Straße. „Sehen Sie diesen Mann dort mit den langen, dreckigen Haaren und dem zotteligen Bart? Wenn es Friseure geben würde, dürfte es doch keine Menschen mit solchen Haaren geben!"

Der Friseur entgegnete: „Natürlich gibt es solche Menschen, denn sie kommen nicht zu mir zum Haare schneiden."

Immer noch lächelnd nickte der Kunde: „Genau, und so ist es auch mit Gott. Es gibt ihn, aber nicht alle Menschen kommen zu ihm – deshalb gibt es Schmerz und Elend auf der Welt."

Denn wir wandeln im Glauben
und nicht im Schauen.

2. Korinther 5,7

Schwarze Ballons

Ein kleines Mädchen ging mit seiner Mutter im Park spazieren. Sie kamen an einem Mann vorbei, der mit Helium gefüllte Ballons verkaufte. Das Mädchen war fasziniert von den bunten Ballons und wie sie aufstiegen, wenn der Mann hin und wieder einen von ihnen fliegen ließ. Hoch in den blauen Himmel stiegen die roten, grünen, weißen, gelben und schwarzen Ballons.

Das Mädchen wunderte sich, dass die schwarzen Ballons ebenso leicht nach oben stiegen wie die roten, grünen, gelben und weißen Ballons. Deshalb fragte es den Verkäufer: „Wie kommt es, dass alle Ballons auf die gleiche Weise in den Himmel steigen?“

Der Mann antwortete: „Meine Kleine, es ist nicht die Farbe der Ballons, die zählt – es ist, was in ihnen steckt.“

Diese Geschichte ist eine Lektion in Sachen Gleichheit. Immer noch gibt es viele Vorurteile, die mit der Hautfarbe eines Menschen verknüpft sind. Dabei sollte es das Ziel von allen sein, dass die Menschheit eine große globale Gemeinschaft wird.

Gnade und Treue sollen dich nicht verlassen. Hänge meine Gebote an deinen Hals und schreibe sie auf die Tafel deines Herzens, so wirst du Freundlichkeit und Klugheit erlangen, die Gott und den Menschen gefallen.

Sprüche 3,3.4

Die brüderliche Brücke

Zwei Brüder lebten auf zwei benachbarten Bauernhöfen. Nachdem sie 40 Jahre friedlich nebeneinander gewohnt, gemeinsam Maschinen, Arbeitskraft und Güter geteilt hatten, zerstritten sie sich eines Tages. Es begann mit einem kleinen Missverständnis, das immer größer wurde. Bittere Worte folgten, die in ein eisiges Schweigen mündeten. Eine Versöhnung kam für beide Brüder nicht infrage.

An einem Morgen klopfte es bei dem älteren Bruder an der Tür. Als er öffnete, stand ein Mann in Zimmermannskleidung vor ihm. „Ich suche Arbeit für ein paar Tage", meinte dieser. „Kann ich dir etwas zur Hand gehen?"

„Du kommst gerade recht", antwortete der Bruder. „Siehst du den Bauernhof da drüben? Mein jüngerer Bruder ist mein Nachbar. Er hat in der letzten Woche diesen Graben ausgehoben, um mich zu ärgern. Früher gab es dort eine schöne Wiese. Das soll er büßen. Bau mir aus dem Holzhaufen dort drüben einen hohen Zaun, damit mir der Anblick seines Hofs erspart bleibt."

Der Zimmermann entgegnete: „Ich verstehe. Wenn du mir noch Nägel und Pflöcke gibst, übernehme ich die Arbeit für dich."

Der ältere Bruder gab dem Zimmermann, was er verlangte und fuhr in die Stadt, wo er noch etwas besorgen musste. Der Zimmermann arbeitete den ganzen Tag, bis der Bauer bei Sonnenuntergang zurückkehrte. Doch der staunte nicht schlecht: Da stand kein Zaun, sondern eine Brücke, die über den Graben führte. Der Zimmermann hatte sich große Mühe gegeben – doch das verwunderlichste war der jüngere Bruder des Bauern, der ihm gerade mit ausgestreckter Hand über die Brücke entgegenkam.

„Du bist ein guter Mensch, Bruder. Lässt eine Brücke bauen nach allem, was ich gesagt und getan habe."

Die Brüder trafen sich auf der Mitte der Brücke. Ergriffen gaben sie sich die Hand und versöhnten sich. Da fiel ihnen der Zimmermann wieder ein. Sie drehten sich zu ihm um und sahen, wie er seine Sachen packte.

„Warten Sie", sagte der ältere Bruder. „Ich habe noch mehr Arbeit für Sie."

„Ich würde gern bleiben", entgegnete der

Zimmermann. „Aber ich habe noch viele Brücken zu bauen."

Wann und wo können wir dabei helfen, Brücken zu bauen?

Die brüderliche Liebe untereinander sei herzlich. Einer komme dem andern mit Ehrerbietung zuvor.

Römer 12,10

Das zerknitterte Papier

Eine Lehrerin wollte ihrer Klasse etwas zum Thema Mobbing beibringen. Dafür ließ sie die Kinder eine ganz bestimmte Übung ausführen: Jeder von ihnen musste ein Stück Papier zerknüllen, darauf treten und es schlecht behandeln, jedoch ohne es dabei kaputt zu reißen. Danach wies die Lehrerin die Schüler an, das Papier auseinanderzufalten und glatt zu streichen.

„Seht euch an, wie dreckig und verknittert das Papier ist!“, sagte die Lehrerin. „Sagt dem Papier nun, dass es euch leid tut.“

Die Kinder befolgten die Anweisung und es tat ihnen ehrlich leid. Aber das Papier blieb zerknittert.

Die Lehrerin erklärte ihnen: „Auch wenn es euch leid tut, euer Verhalten hat seine Auswirkungen. Das Papier wird nie mehr glatt und weiß sein – und genau das passiert, wenn ihr andere Kinder schlecht behandelt. Ihr hinterlasst Narben, die nie mehr weggehen, auch wenn ihr euch bemüht, es wiedergutzumachen. Selbst wenn ihr euch entschuldigt, die Narben heilen nicht.“

Ein Blick in die Gesichter ihrer Schüler zeigte der Lehrerin, dass ihre Lektion angekommen war.

Viele Menschen denken, dass sie die Freiheit haben, immer genau das zu sagen, was sie denken. Doch damit hinterlassen sie oft eine Menge zerknittertes Papier.

Seid aber untereinander freundlich und herzlich und vergebt einer dem andern, wie auch Gott euch vergeben hat in Christus.

Epheser 4,32

Ein moderner Samariter

Eine alte Dame ist mitten in einer kalten Nacht mit ihrem Auto unterwegs. Doch der Wagen hat einen Platten und sie muss stehen bleiben. Hilflos wartet sie darauf, dass ein anderes Auto hält und ihr jemand hilft, den Reifen zu wechseln. Aber es vergeht mehr als eine Stunde, sie ist müde und hungrig und keiner hilft. Doch da bleibt ein Auto stehen. Die alte Frau schluckt, denn aus der Schrottkarre steigt ein ärmlicher Mann. Hoffentlich tut er mir nichts, denkt die Frau.

Der Mann sieht, dass die Frau Angst hat und spricht beruhigend auf sie ein: „Es ist alles gut, ich bin hier, um Ihnen zu helfen. Setzen Sie sich doch in mein warmes Auto – ich wechsle inzwischen den Reifen. Übrigens: Mein Name ist Bryan Anderson."

Bryan wechselt den Reifen, macht sich dabei auf dem dreckigen Boden sehr schmutzig. Seine Hände schmerzen. Die Frau kurbelt das Fenster herunter und spricht mit ihm. Sie erzählt, dass sie nur auf der

Durchreise und sehr dankbar für seine Hilfe sei. Sie möchte ihm gern Geld geben, doch Bryan lehnt ab. Sie will darauf bestehen, denn sie hat sich bereits ausgemalt, was alles Schreckliches hätte passieren können, wenn er ihr nicht geholfen hätte.

„Nein danke", sagt Bryan wieder. „Für mich war das keine Arbeit, ich wollte Ihnen einfach helfen. Nach diesem Grundsatz lebe ich. Wenn Sie mir etwas für meine Hilfe geben wollen, dann handeln Sie wie ich: Wenn jemand Ihre Hilfe braucht, handeln Sie."

Bryan wartet noch, bis die alte Frau weggefahren ist. Obwohl er keinen guten Tag hatte, fühlt er sich jetzt besser.

Die Frau hält nach einigen Kilometern Fahrt an einem kleinen Restaurant. Bevor sie weiterfährt, muss sie sich aufwärmen und etwas essen. Drinnen sieht alles etwas heruntergekommen aus. Die Bedienung kümmert sich jedoch sehr herzlich um ihren späten Gast. Sie ist sehr liebenswert, obwohl sie schon den ganzen Tag gearbeitet hat. Da sieht die alte Frau, dass die Kellnerin einen großen Babybauch vor sich herträgt. Sie ist beeindruckt, dass die

Schwangere sie so aufmerksam behandelt, obwohl sie selbst einiges zu tragen hat.

Nach dem Essen bezahlt die Alte mit einem 100-Dollar-Schein. Als die Bedienung mit dem Wechselgeld zurückkommt, ist ihr Gast bereits verschwunden. Auf der Serviette hat die Frau allerdings eine Nachricht hinterlassen: „Du schuldest mir nichts. Heute hat mir jemand selbstlos geholfen und ich helfe nun dir. Wenn du mir etwas zurückgeben willst, lass die Kette der Liebe nicht abreißen." Unter der Serviette liegen noch weitere 400 Dollar.

Mit Tränen in den Augen putzt die Kellnerin die Tische, wäscht das Geschirr ab und verabschiedet die letzten Gäste, wie an jedem Tag. Als sie spät abends nach Hause kommt, liegt ihr Mann bereits im Bett.

Sie denkt an die guten Worte der Frau und das viele Geld. Woher konnte diese wissen, dass sie das Geld so dringend benötigen? Weil sie weiß, wie viele Sorgen sich ihr Mann täglich macht, legt sie sich neben ihn und flüstert: „Alles wird gut. Ich liebe dich, Bryan Anderson."

Jeder Akt der Güte kommt auf die eine oder andere Weise zurück. Oft hängt die Großzügigkeit jedoch davon ab, um wen es geht. Wir sollten Gutes tun und nicht darauf achten, wem wir Gutes tun.

Wenn aber jemand dieser Welt Güter hat und sieht seinen Bruder darben und verschließt sein Herz vor ihm, wie bleibt dann die Liebe Gottes in ihm?

1. Johannes 3,17

Die Blume der Ehrlichkeit

Im alten China lebte ein Prinz, der erst heiraten musste, bevor er Kaiser werden konnte – so schrieb es das Gesetz vor. Deshalb suchte er nach einer zukünftigen Kaiserin, der er vertrauen konnte. Dafür ließ der Prinz mithilfe eines alten Gelehrten alle Mädchen der Region zusammenkommen.

Eine Bedienstete des Palastes hörte von den Vorbereitungen zu dieser besonderen Audienz. Sie dachte sofort an ihre eigene Tochter, die heimlich in den Prinzen verliebt war. Als sie ihr davon berichtete, war sie erstaunt, dass ihre Tochter vorhatte, an der Brautschau teilzunehmen.

„Was denkst du dir?“, fragte die Alte. „Nur die schönsten und reichsten Frauen unserer Gegend werden dort erscheinen. Schlag dir das aus dem Kopf, sonst wird es dich traurig machen und du musst nur leiden.“

Die Tochter entgegnete: „Mutter, ich werde nicht traurig sein und leiden, denn ich möchte dem Prinzen nur für ein paar Augenblicke nahe sein. Ich weiß, dass er mich nie wählen würde.“

Als die Tochter in den Palast kam, sah sie all die schönen Mädchen mit ihrem kostbaren Schmuck – jede wollte den Prinzen von sich überzeugen. Inmitten seines Hofstaates saß der Prinz und sprach zu den Frauen: „Ich gebe nun jeder von euch einen Samen. Welche von euch daraus innerhalb von sechs Monaten die schönste Blume zieht, werde ich heiraten."

Die Tochter der Bediensteten nahm den Samen an sich. Sie pflanzte ihn in einen Topf, kümmerte sich aufmerksam nach allen Regeln der Gartenkunst geduldig und liebevoll um ihn. Sie war sich sicher, wenn die Blume ein Abbild ihrer Liebe zum Prinzen werden würde, bräuchte sie sich um das Ergebnis nicht zu sorgen.

Doch nach drei Monaten war aus dem Samen noch kein Keim gesprossen. Sie sprach mit Gärtnern und Bauern, die alle ganz unterschiedliche Ratschläge für sie hatten. Nichts half. Dabei war ihre Liebe so groß wie immer. Als die sechs Monate vergangen waren, zeigte sich immer noch kein Grün in ihrem Topf.

Die Mutter war entsetzt, als sie sah, wie ihre Tochter mit dem leeren Topf zum Palast gehen wollte. „Du hast doch nichts vorzuweisen!“

„Doch, Mutter, ich weiß, wie groß meine Bemühungen um diese Blume waren, deshalb gehe ich dorthin. Außerdem kann ich meinem Geliebten so wieder nah sein.“

Die Tochter ging also mit dem Blumentopf ohne Pflanze zur Audienz. Alle anderen Mädchen hatten ihre Blumen dabei – eine schöner als die andere. Der Prinz betrachtete die Ergebnisse der Bewerberinnen.

Schließlich verkündete er seine Entscheidung, indem er auf die Tochter der Dienerin zeigte: „Sie wird meine Frau und die neue Kaiserin.“

Alle waren verwirrt. Wie konnte er sich für eine Frau entscheiden, die von niederer Herkunft war und keine Blume gezogen hatte?

Der Prinz fügte hinzu: „Sie ist die einzige, die eine Blume gezogen hat, wie es sich einer Kaiserin gebührt: die Blume der Ehrlichkeit. Jede von euch hat einen Samen erhalten, der unfruchtbar war – so konntet ihr unmöglich eine Blume daraus züchten.“

Nach Paulo Coelho

Gibt es Liebe ohne Ehrlichkeit? Wollen wir nicht alle für das geliebt werden, was wir wirklich sind?

Die Liebe sei ohne Falsch.
Hasst das Böse,
hängt dem Guten an.

Römer 12,9

Der Zauberspruch der Sioux

Eine alte Legende der Sioux-Indianer besagt, dass eines Tages Wütender Stier, der mutigste und ehrwürdigste Krieger, mit Blaue Wolke, der schönen Tochter des Stammesanführers, zu den Ältesten des Dorfes kamen, um ihren Rat zu erbitten.

Blaue Wolke sagte: „Unsere Liebe begann, als wir noch sehr jung waren. Wir wollen heiraten, aber wir haben Angst, dass uns die Liebe abhanden kommt. Deshalb möchten wir Sie bitten, uns einen Zauberspruch zu sagen oder einen Talisman zu geben, damit unsere Liebe beschützt ist und wir bis zu unserem Tod zusammenbleiben. Gibt es etwas, was Ihr für uns tun könnt?"

Die Ältesten freuten sich, dass die beiden verliebt ineinander waren und sie mit so viel Leidenschaft um Rat fragten.

Einer von ihnen sprach: „Es gibt da etwas. Es könnte eine schwere Herausforderung für euch werden, denn es erfordert ein großes Opfer."

„Wir tun, was immer nötig ist", sagte das junge Paar.

„Blaue Wolke“, sagte der alte Mann. „Siehst du die Hügel nördlich vom Dorf? Du wirst allein dort hinaufklettern müssen, ohne Waffen oder Hilfsmittel, nur mit deinen bloßen Händen und einem Netz. Fange dort den schönsten und kräftigsten Falken, den du siehst. Wenn du ihn gefangen hast, musst du ihn lebendig herbringen am dritten Tag nach dem vollen Mond. Das ist deine Aufgabe. Und du, Wütender Stier, du musst den Berg des Donners besteigen. Wenn du an der Spitze angelangt bist, fange den tapfersten Adler, ohne ihn zu verletzen – nur mit deinen Händen und einem Netz. Bringe ihn zurück am gleichen Tag wie Blaue Wolke den Falken. Nun geht“, sprach der Weise.

Die jungen Leute umarmten sich liebevoll und gingen ihrer Wege – sie in den Norden und er in den Süden –, um ihre Aufgaben zu erfüllen.

An besagtem Tag kamen die Liebenden zurück zum Zelt der Ältesten. Beide trugen einen Vogel bei sich, wie es ihnen aufgetragen worden war. Diese waren wirklich stattliche Vertreter ihrer Art.

„Haben wir erfüllt, was ihr uns gesagt habt?“, fragte Wütender Stier. „Sollen wir die Vögel töten, um ihr Blut zu trinken?“

„Nein“, sagte der Oberste der Weisen.

„Sollen wir sie kochen und ihr wertvolles Fleisch essen?“, fragte Blaue Wolke.

„Nein“, antwortete der Alte wieder. „Bindet ihnen die Füße zusammen mit diesen Lederbändern und lasst sie fliegen.“

Das junge Paar tat, wie ihnen geheißen. Der Falke und der Adler, die an den Füßen aneinandergebunden waren, versuchten emporzusteigen, fielen jedoch immer wieder zu Boden. Nach einer Weile waren die Vögel so frustriert, weil sie nicht fliegen konnten, dass sie sich gegenseitig attackierten und sich Wunden zufügten.

„Das ist der Zauber, nachdem ihr gefragt habt“, erklärte ihnen der weise Mann. „Vergesst nicht, was ihr hier seht. Ihr seid der Falke und der Adler – wenn man euch zusammenbindet, wenn es auch aus Liebe ist, müsst ihr am Boden kriechen und werdet euch früher oder später verletzen. Wenn ihr wollt, dass eure Liebe hält, fliegt zusammen – aber bindet euch nicht.“

Fühlen Sie sich an Ihren Partner gebunden oder können Sie zusammen fliegen? Stehen Sie Ihrem Gegenüber zu, dass es sich frei entfalten kann? Es ist schade, dass so viele Menschen die Ehe als ein Gefängnis und nicht als ein partnerschaftliches Zusammensein verstehen.

Seid niemandem etwas schuldig,
außer dass ihr euch untereinander liebt;
denn wer den andern liebt,
der hat das Gesetz erfüllt.

Römer 13,8

Ich will Gott sehen

Ein Junge hatte nur ein Ziel: Er wollte Gott treffen. Es war ihm klar, dass der Weg bis zu Gott sehr lang sein würde. Also packte er sich viele Getränke und Süßigkeiten in seinen Rucksack und ging los.

Er war schon eine ganze Zeit unterwegs, da kam er an einem Park vorbei, wo er eine Frau auf einer Bank sitzen sah. Sie hatte ihren Blick auf die Tauben geworfen, die zu ihren Füßen nach Futter suchten. Der kleine Junge setzte sich neben die Frau und holte Essen und Trinken aus seinem Rucksack. Da bemerkte er, dass die alte Frau ganz hungrig ausschaute. Er nahm daher einen seiner Schokoriegel und reichte ihn der Frau. Dankbar nahm sie die Schokolade und lächelte den Jungen an. Der Junge freute sich so sehr über ihr Lachen, dass er es gern ein weiteres Mal sehen wollte. Deshalb gab er ihr auch etwas zu trinken. Die Frau strahlte noch mehr als zuvor. Der Junge war überglücklich.

Der Junge und die alte Frau saßen noch lang zusammen auf der Parkbank, aßen Süßigkeiten und tranken, jedoch ohne ein Wort zu sprechen.

Als es dämmerte, wurde der Junge müde. Er merkte, dass es Zeit war, nach Hause zu gehen. Er stand auf und ging ein paar Schritte. Dann stoppte er jedoch, denn er hatte sich gar nicht von der Frau verabschiedet. Deshalb ging er zurück und umarmte sie. Dafür schenkte sie ihm das allerschönste Lächeln, das der Junge je gesehen hatte.

Zurück daheim sah die Mutter, dass ihr Sohn über das ganze Gesicht strahlte. Neugierig fragte sie: „Du musst ja etwas sehr Schönes gemacht haben heute, dass du so glücklich aussiehst. Wo warst du denn?"

Der Junge antwortete seiner Mutter: „Ich habe mit Gott Süßes gegessen und sie hat ein wunderschönes Lächeln!"

Als die alte Frau nach Hause zurückkehrte, wartete schon ihr Sohn auf sie. Auch ihm fiel auf, dass seine Mutter ungewöhnlich fröhlich aussah. Deshalb fragte er sie nach dem Grund.

Die alte Frau entgegnete: „Ich habe mit Gott Süßes gegessen. Er ist viel jünger, als ich gedacht habe."

Wir können eine Quelle des Glücks für andere sein, wenn wir teilen, was wir haben – allem voran unsere Liebe.

Niemand hat Gott jemals gesehen.
Wenn wir uns untereinander lieben,
so bleibt Gott in uns, und seine Liebe
ist in uns vollkommen.

1. Johannes 4,12

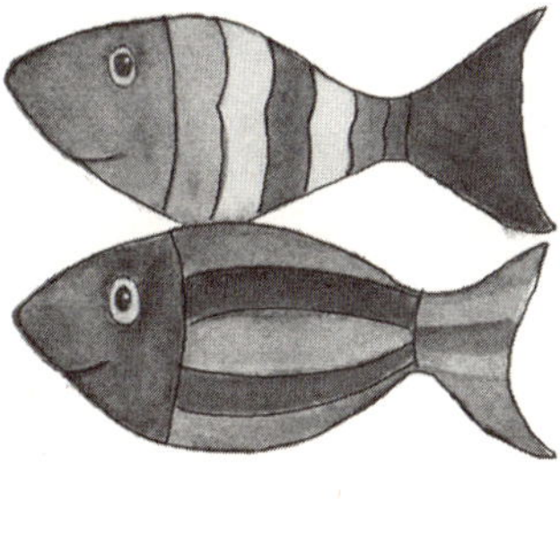

Der Ziegel

Ein junger, erfolgreicher Manager fuhr mit seinem neuen Jaguar etwas zu schnell durch ein Wohngebiet. Er achtete jedoch auf Kinder, dic zwischen den geparkten Autos am Straßenrand hervorkommen könnten. Er bremste immer, wenn er dachte, etwas gesehen zu haben.

Er sah keine Kinder, aber als er an einem der Autos vorbeifuhr, krachte ein Ziegelstein in die Beifahrertür seines teuren Wagens. Der Mann bremste und fuhr rückwärts zu der Stelle, an der der Stein geworfen wurde.

Der ärgerliche Fahrer sprang aus dem Auto, griff sich das erste Kind, das er sah, und schrie: „Was soll das und wer bist du? Das ist ein neuer Jaguar und es wird einiges kosten, den Schaden durch den Ziegel zu reparieren. Warum hast du das gemacht?“

Der Junge stotterte verzweifelt: „Bitte, ich wusste mir nicht anders zu helfen. Ich habe den Ziegel geworfen, weil niemand angehalten hat ...“ Mit Tränen in den Augen zeigte er zwischen die geparkten Autos. „Dort liegt mein Bruder, er ist über einen Stein gefahren, dabei ist sein Rollstuhl umgekippt und er hinausgefallen. Ich bekomme ihn allein nicht wieder hinein."

Der Manager konnte es kaum glauben, als der weinende Junge ihn bat: „Können Sie mir bitte helfen, meinen Bruder in den Rollstuhl zu setzen? Er hat Schmerzen und ist zu schwer für mich allein."

Zutiefst betroffen schluckte der Mann seinen Ärger hinunter und lief schnell zu dem verunglückten Kind. Er setzte den Jungen zurück in den Rollstuhl und tupfte seine Wunden mit seinem bestickten Taschentuch ab. Er merkte schnell, dass dem Kind außer dem Schock nicht viel fehlte. „Vielen Dank und möge Gott Sie schützen", sagte der glückliche Bruder. Überwältigt und sprachlos sah der Manager ihm zu, wie er seinen Bruder im Rollstuhl nach Hause schob.

Langsam ging er zurück zu seinem Jaguar. Der Schaden war deutlich sichtbar, aber der Fahrer ließ ihn nicht reparieren. Er behielt die Delle als Erinnerung an eine sehr wichtige Lektion: „Ziehe nicht so schnell durch dein Leben, dass jemand erst einen Ziegel nach dir werfen muss, damit du ihn bemerkst."

Warum achten wir so selten auf die Bedürfnisse der anderen? Meist sind wir kaum noch empfänglich für die leisen Töne – nur Lautes und Auffälliges dringt noch zu uns durch. Kann es da noch Raum für Gnade geben?

**Einer trage des andern Last,
so werdet ihr das Gesetz
Christi erfüllen.**

Galater 6,2

Schöne Botschaften

An einem Montagmorgen gab eine Lehrerin ihrer Klasse die Aufgabe, die Namen aller Mitschüler aufzuschreiben. Dann sollten sie zu jedem Namen etwas Nettes schreiben. Als die Stunde um war, übergaben die Schüler ihre Blätter der Lehrerin.

Zu Hause nahm die Lehrerin für jeden Schüler ein Blatt und trug darauf die netten Botschaften der Mitschüler zusammen. Beim nächsten Unterricht überreichte sie jedem Kind einen Zettel mit diesen schönen Botschaften. Alle freuten sich und konnten kaum glauben, dass die anderen so gut von ihnen dachten. Die Lehrerin freute sich ebenfalls, dass sie die Schüler mit dieser Aktion glücklich gemacht hatte und das Klima in der Klasse verbessern konnte.

Ein paar Jahre später wurde einer der Schüler krank und starb. Die Lehrerin ging zu seiner Trauerfeier. Vor der Kirche fragte sie ein junger Mann: „Sind Sie Marcs ehemalige Lehrerin?“ Sie nickte traurig. „Marc hat oft über Sie gesprochen“, sagte der Mann. Nach der Beerdigung standen Marcs Familie und seine Schulfreunde zusammen. Sie warteten darauf, mit der Lehrerin sprechen zu können.

„Wir wollen Ihnen etwas zeigen", meinten die Eltern zu ihr. Der Vater zog den Geldbeutel seines Sohnes aus der Tasche und holte einen Zettel heraus. „Wir dachten, Sie kennen diese Liste bestimmt noch." Er überreichte der Lehrerin den Zettel mit den netten Botschaften an Marc und sie weinte vor Rührung.

Es ist gar nicht so schwer, das Selbstwertgefühl von anderen zu stärken, wie wir vielleicht denken. Ein Blatt Papier, eine Stunde und ein paar Worte reichen aus, um ein Leben positiv zu beeinflussen.

Denn wer das Leben lieben und gute Tage sehen will, der hüte seine Zunge, dass sie nichts Böses rede, und seine Lippen, dass sie nicht betrügen. Er wende sich ab vom Bösen und tue Gutes; er suche Frieden und jage ihm nach.

1. Petrus 3,10.11

Eine Entscheidung für die Liebe

Ein Mann ging zu einem Eheberater und sagte, dass er darüber nachdachte, sich zu trennen, da er seine Frau nicht mehr liebe.

Der Berater nickte und antwortete: „Liebe sie!" Mehr nicht.

Der Mann protestierte: „Aber ich sage doch, ich fühle nichts mehr für sie, da ist gar nichts mehr!"

Zu seinem Entsetzen wiederholte der Eheberater seine Forderung: „Liebe sie!"

Bevor der Mann weitere Einwände bringen konnte, ergänzte der Berater: „Liebe ist eine Entscheidung, kein Gefühl. Liebe bedeutet Hingabe und Engagement. Sie ist wie Gartenarbeit: Es ist anstrengend, den Boden zu bearbeiten, beim Pflanzen muss man geduldig sein, den Garten bewässern und ständig pflegen. Es wird Zeiten geben, in denen drohen Schädlinge, Trockenheit oder Stürme Ihren Garten zu zerstören – aber würden Sie ihn deshalb verlassen? Lieben Sie Ihre Partnerin, respektieren Sie sie und schenken Sie ihr viel Aufmerksamkeit."

Wer würde behaupten, dass die Liebe einfach ist? In jedem Fall ist sie es wert, dass jeder um sie kämpft.

Wer nicht liebt,
der kennt Gott nicht;
denn Gott ist Liebe.

1. Johannes 4,8

Das Mädchen mit den Äpfeln

Eine Gruppe von Versicherungsvertretern war auf dem Weg zu einer Messe. Sie hatten ihren Ehefrauen versichert, dass sie pünktlich zum Weihnachtsfest zurück sein würden. Sie waren spät dran und eilten durch den Bahnhof zu ihrem Zug.

Einer der Versicherungsvertreter warf dabei unabsichtlich einen kleinen Stand um, an dem ein Mädchen Äpfel verkaufte. Die Äpfel rollten in alle Richtungen. Die Kollegen rannten weiter zum Gleis, der Vertreter rief ihnen hinterher, dass sie ohne ihn abfahren sollten.

Er sammelte die Äpfel ein und brachte sie zurück zu dem Mädchen. Da erst erkannte er, dass sie blind war. Sie weinte leise, als er ihr die Äpfel zurückbrachte.

Der Mann war sehr betroffen und half, die Äpfel wieder auf dem Stand zu verteilen. Die kaputten Äpfel legte er in einen separaten Korb. Dafür gab er ihr einen 50-Euro-Schein. „Hier, für die Äpfel, die du nicht mehr verkaufen kannst. Es tut mir sehr leid. Ist alles in Ordnung?“

Das Mädchen zuckte zusammen und fragte vorsichtig: „Sind Sie Jesus?"

Während des ganzen Weihnachtsfestes dachte der Versicherungsvertreter über diese Frage nach. Sie war so simpel, die Begegnung so alltäglich und doch hatte sie alles für den Mann verändert. Er hatte nun verstanden, dass er nur ein Christ sein würde, wenn er versuchte, wie Christus zu sein.

Manchmal fällt es schwer, Verantwortung zu übernehmen. Wir wollen gar nicht sehen, dass wir andere verletzen oder schlecht behandeln. Was für eine große Überwindung, das Leben zum Beispiel aus der Perspektive eines Bettlers zu betrachten. Dabei sind wir doch alle Brüder und Schwestern.

Denn Gott hat uns nicht gegeben den Geist der Furcht, sondern der Kraft und der Liebe und der Besonnenheit.

2. Timotheus 1,7

Der Wert der Freundschaft

In der 9. Klasse ging ich zusammen mit einem Jungen namens Jonas zur Schule. Eines Tages sah ich, wie er auf dem Heimweg einen Stapel mit vielen Büchern nach Hause schleppte. Ich wunderte mich, weil es Freitag war – wer hat schon Lust, das ganze Wochenende zu lernen und Bücher zu lesen? Ich war verabredet mit meinen Kumpels zum Fußball spielen und feiern. So ein Langweiler, dachte ich und ging weiter.

Doch da sah ich, wie ein paar andere Jungs Jonas hinterherliefen, ihn schubsten und seine Bücher auf den Boden warfen. Sogar seine Brille flog durch die Luft und landete einige Meter weiter im Gras.

Die anderen lachten und zogen weiter, aber ich sah, wie traurig Jonas war, und ging zu ihm. Ich gab ihm seine Brille, die er vergeblich gesucht hatte.

„Diese Typen sind ätzend", sagte ich zu ihm.

„Danke", antwortete er mit Tränen in den Augen, aber einem Lächeln auf den Lippen.

Ich half ihm auch, die Bücher einzusammeln und wollte sie ihm nach Hause bringen. Da stellten wir fest, das wir gar nicht weit auseinanderwohnten.

„Ich war vorher auf einer Privatschule", erklärte Jonas.

Auf dem Weg zu seinem Haus stellten wir fest, dass wir die gleiche Musik und dieselben Filme mochten. Ich fand, dass Jonas richtig cool war. Also lud ich ihn zu unserem Fußball-Training ein. Wir verbrachten seit diesem Tag immer mehr Zeit miteinander und wurden gute Freunde. Wir machten zusammen Abitur und dachten über das Studium nach. Doch wir entschieden uns für unterschiedliche Uni-Städte – er wollte Arzt werden, ich Sportlehrer.

Jonas sollte die Abschlussrede auf unserem Abiball halten. An diesem Abend sah er super aus. Er hatte richtig etwas aus sich gemacht. Die Mädchen fanden ihn toll und er hatte viele gute Kumpels. Ich war fast ein bisschen neidisch auf ihn.

Als ich sah, wie nervös er wegen der Rede war, klopfte ich ihm auf die Schulter. „Du machst das schon!"

„Danke“, lächelte er. Dann ging er auf die Bühne und stellte sich hinter das Rednerpult. Er fing an zu sprechen: „Jetzt haben wir unseren Abschluss in der Tasche und das ist genau die richtige Zeit, um allen zu danken, die uns dabei geholfen haben, soweit zu kommen. Dankt euren Eltern, euren Lehrern, Geschwistern ... aber vor allem euren Freunden. Das größte Geschenk, das ihr einem anderen machen könnt, ist eure Freundschaft. Für mich hat Freundschaft alles verändert und ich erkläre euch, warum.“

Ungläubig hörte ich mit an, wie Jonas über den Tag erzählte, als ich ihm geholfen und die Bücher nach Hause getragen hatte. Mit tiefer Betroffenheit vernahm ich, dass Jonas eigentlich vorhatte, sich an jenem Wochenende das Leben zu nehmen.

„Ich bin so froh, dass mein Freund mich davor bewahrt hat“, sagte Jonas und schaute mich dankbar an. Auch seine Mutter und sein Vater lächelten mich mit Dank in den Augen an. Ich war nicht stolz, ich war einfach nur überwältigt von dieser großen Verbundenheit.

Wir können uns jeden Tag für das Gute entscheiden. Wir sind nicht verantwortlich für das Glück oder Unglück anderer, aber wir können einen gewissen Teil dazu beitragen.

Tut nichts aus Eigennutz
oder um eitler Ehre willen,
sondern in Demut achte einer
den andern höher als sich selbst.

Philipper 2,3

Für ein Glas Milch

Ein junger, armer Mann musste sich sein Studium finanzieren, indem er Zeitungs-Abos an Haustüren verkaufte. Als er wieder unterwegs war, bekam er Hunger. Aber er hatte kein Geld mehr. Er hoffte, dass er jemand finden konnte, der ihm etwas zu essen gab. Er klingelte an der nächsten Tür und eine junge Frau öffnete. Er fragte verschämt nach einem Glas Wasser. Die Frau brachte ihm stattdessen ein Glas Milch.

Der Mann bedankte sich und fragte: „Was schulde ich Ihnen dafür?"

„Gar nichts", antwortete sie. „Meine Mutter hat mich so erzogen: Für Freundlichkeit lässt man sich nicht bezahlen."

„Ich danke Ihnen von ganzem Herzen." Der junge Mann gewann seinen Glauben an die Menschen und Gott zurück.

Einige Jahre später wurde die junge Frau schwer krank. Die Ärzte im Krankenhaus mussten einen Spezialisten aus der Großstadt anfordern. Als der Spezialist den Namen der kleinen Stadt hörte, kam er sofort. Als er am Bett der Frau stand, erkannte er sie direkt wieder. Er kümmerte sich mit voller Aufmerksamkeit um sie, um ihr Leben zu retten. Er sorgte dafür, dass sie ein Einzelzimmer und beste Pflege bekam.

Als die Frau wieder zu Hause war, kam kurz darauf die Rechnung aus dem Krankenhaus. Die Frau war sich sicher, dass ihre Krankenversicherung nicht alle Annehmlichkeiten übernehmen würde. Doch auf der Rechnung stand handschriftlich notiert: „Vollständig bezahlt mit einem Glas Milch."

Jetzt verstand die Frau, wer sie da behandelt hatte und Freudentränen liefen über ihr Gesicht.

Das Gute, das wir aussenden, kommt eines Tages zurück zu uns – oft in einem Moment, in dem wir gar nicht damit rechnen. Dankbarkeit überdauert.

Bleibt fest in der brüderlichen Liebe.
Gastfrei zu sein vergesst nicht;
denn dadurch haben einige ohne
ihr Wissen Engel beherbergt.

Hebräer 13,1.2

Liebe ist

Eine Journalistin besuchte einen Kindergarten und eine Grundschule und fragte die Kinder dort: „Was ist eigentlich Liebe?“

„Meine Oma hat immer so schlimme Schmerzen, deshalb kann sie sich nicht mehr so gut bücken. Mein Opa lackiert ihr immer die Fußnägel – aus lauter Liebe.“

(Leonie, 8 Jahre)

„Weil meine Eltern mich lieben, sagen sie meinen Namen anders. In ihrem Mund ist mein Name gut aufgehoben.“

(Max, 4 Jahre)

„Ich liebe dich – das sagt man nur, wenn man es auch so meint. Und wenn man sich liebt, sagt man es sich ganz oft – damit es keiner vergisst.“ (Carla, 8 Jahre)

„Wenn zwei sich lieben, benutzen sie Parfum, wenn sie miteinander weggehen. Dann riechen sie sich gern.“ (Andy, 5 Jahre)

„Liebe macht froh, auch wenn du eigentlich schlafen willst.“ (Marie, 4 Jahre)

„Liebe ist, wenn Mama Kaffee kocht und ihn zuerst probiert, bevor Papa ihn bekommt. Sie will, dass ihm alles gut schmeckt.“
(Sarah, 6 Jahre)

„Wenn ein altes Paar immer noch zusammen ist, obwohl sie sich schon seit Jahren kennen, sind sie sehr verliebt.“
(Tom, 6 Jahre)

„Meine Mama liebt mich, weil sie mir abends immer einen Gute-Nacht-Kuss gibt.“
(Mimi, 5 Jahre)

„Wenn du einem Jungen zeigen willst, dass du ihn magst, musst du ganz doll mit den Augen klimpern. Dann kommen kleine Sterne heraus.“ (Karin, 7 Jahre)

„Meine Schwester liebt mich, deshalb darf ich ihre Kleider anziehen.“
(Emmi, 4 Jahre)

„Liebe ist, wenn man was von seinen Gummibärchen abgibt, ohne etwas dafür zurückzukriegen.“ (Maik, 6 Jahre)

„Meine Mama sagt zu meinem Vater, dass er besser aussieht als George Clooney – auch wenn er dreckig von der Arbeit kommt oder geschwitzt hat. Ich glaube, das ist Liebe.“ (Luka, 8 Jahre)

„Liebe ist, wenn unser Hund uns alle abschlecken will und mit seinem Schwanz wedelt, obwohl wir ihn den ganzen Tag allein gelassen haben.“ (Luna, 6 Jahre)

„Liebe macht die Welt besser, deshalb sollte man auch Freunde lieben, die man eigentlich hasst.“ (Noelle, 7 Jahre)

„An Weihnachten ist das ganze Haus voller Liebe, wenn der Baum voller Lichter ist und es Geschenke gibt.“ (Anton, 5 Jahre)

„Meine Eltern lieben mich, weil sie zu all meinen Schulvorführungen kommen und mich dabei ganz lieb anschauen.“ (Julia, 8 Jahre)

„Liebe ist, wenn du einem Jungen sagst, dass du sein T-Shirt magst und er es dann jeden Tag anzieht." (Susi, 6 Jahre)

Liebe hat viele Ausdrucksformen. Kleine Aufmerksamkeiten im Alltag festigen und vertiefen die Beziehung.

Die Liebe ist langmütig und freundlich,
die Liebe eifert nicht,
die Liebe treibt nicht Mutwillen,
sie bläht sich nicht auf,
sie verhält sich nicht ungehörig,
sie sucht nicht das Ihre,
sie lässt sich nicht erbittern,
sie rechnet das Böse nicht zu.

1. Korinther 13,4.5

Höllische Tischmanieren

Ein Mann fragte sich, was wohl der Unterschied zwischen Himmel und Hölle wäre. Die Frage beschäftigte ihn so sehr, dass er sogar nachts davon träumte.

Er sah, wie er selbst durch einen großen Raum auf einen Topf zulief. In dem riesengroßen Topf kochte eine köstliche Suppe auf einem Feuer. Drum herum standen viele Menschen, die sehr lange Löffel in den Händen hielten. Aber sie schafften es nicht, sich die Suppe mit diesen langen Löffeln in den Mund zu schieben. Deshalb sahen die Leute alle traurig, mager und elend aus. Der Mann konnte den Anblick der Menschen nicht ertragen, die sich vergeblich abmühten und doch die ganze Suppe verschütteten, bevor sie in ihre Münder gelangte.

Daher flüchtete er aus dem Raum, entdeckte an der Tür jedoch ein Schild mit der Aufschrift „Hölle".

Vor ihm lag nun ein weiterer Raum, der genauso aussah wie der erste. Es gab ein Feuer, auf dem ein großer Topf mit Suppe stand. Um ihn herum hatten sich viele Menschen versammelt, die ebenfalls lange Löffel hielten. Doch auf den ersten Blick erkannte der Mann, dass diese Leute gesund und gut genährt aussahen. Sie wirkten glücklich und zufrieden – und schnell fand er heraus, woran es lag. Die Menschen versuchten nicht, die langen Löffel in ihre eigenen Münder zu schieben, stattdessen fütterten sie sich gegenseitig mit der Suppe.

Als er den Raum verließ, sah der Mann das Schild, auf dem „Himmel" stand.

Wenn wir anderen helfen, anstatt nur immer auf den eigenen Vorteil bedacht zu sein, können wir ein Stück Himmel auf Erden erleben.

Was ihr nicht getan habt
einem von diesen Geringsten,
das habt ihr mir auch nicht getan.
Und sie werden hingehen:
diese zur ewigen Strafe,
doch die Gerechten
in das ewige Leben.

Matthäus 25,45.46

Sich langsam näherkommen

„Zähme mich bitte“, sagte der Fuchs zum kleinen Prinzen. Der erwiderte: „Ich würde gern, aber mir fehlt die Zeit. Ich will doch neue Freunde finden und Neues kennenlernen.“

„Alle Menschen sagen, dass sie keine Zeit haben, um etwas wirklich kennenzulernen. Dabei kennt man nur die Dinge, die man zähmt. Weil Menschen sich lieber alles schnell kaufen, haben sie keine Freunde mehr – denn Freunde kann man nicht kaufen. Willst du einen Freund, zähme mich.“

„Wie geht das?“, wollte der kleine Prinz wissen.

„Vor allem“, erklärte ihm der Fuchs, „brauchst du Geduld. Setz dich dort drüben hin und beobachte mich still. Jeden Tag darfst du dich ein bisschen näher zu mir setzen.“

So kamen sich der kleine Prinz und der Fuchs langsam näher.

Nach Antoine de Saint-Exupéry

Freundschaft ist unbezahlbar. Aber wir müssen Zeit investieren, um die Verbindung zu pflegen und zu erhalten.

**Wer ist weise und klug unter euch?
Der zeige mit seinem guten Wandel
seine Werke in Sanftmut und Weisheit.**

Jakobus 3,13

Vier Jahreszeiten

Ein Vater wollte seinen vier Söhnen beibringen, dass sie sich nicht so schnell ein Urteil bilden sollten. Daher sandte er jeden Sohn auf eine Reise. Jeder sollte einen Birnbaum besuchen, der an einem weit entfernten Ort stand.

Den ersten Sohn schickte er im Winter dorthin, den nächsten im Frühling. Der dritte suchte den Birnbaum im Sommer auf und der vierte ging im Herbst.

Erst als der letzte Sohn von seiner Reise zurückgekehrt war, versammelte der alte Mann alle vier Söhne, damit sie von ihren Erlebnissen berichten sollten.

Der erste Sohn erzählte: „Ich habe einen Baum gesehen, der kahl und hässlich erschien. Er war mehr tot als lebendig."

Der zweite Sohn sagte: „Nein, der Baum war doch voller Hoffnung, kleine grüne Knospen an jedem Ast. Er wirkte wie ein Versprechen auf eine wundervolle Zukunft."

Da mischte sich der dritte Sohn ein: „Unsinn, der Baum trug viele herrliche Blüten.

Er duftete süß und war das Schönste, was ich je gesehen habe."

Auch der vierte Sohn hatte eine Meinung, die er zum Ausdruck brachte: „Ich habe Leben und Erfüllung gesehen, der Baum hing voll mit Früchten."

Nun war es an dem Mann, seinen Söhnen zu erklären, dass jeder von ihnen recht habe: „Ihr habt den Baum in unterschiedlichen Phasen seines Lebens gesehen, jeder von euch zu einer anderen Jahreszeit – so hat jeder von euch recht. Deshalb rate ich euch, weder Bäume noch Menschen zu beurteilen, wenn ihr sie nur in einer bestimmten Phase kennenlernt."

Wir sollten Menschen nicht als unveränderliche Einheiten verstehen. Meist kennen wir sie nur in einer bestimmten Station ihres Lebens. Wie sollen wir sie dann für den Rest ihres Lebens beurteilen können?

Wir alle aber spiegeln
mit aufgedecktem Angesicht
die Herrlichkeit des Herrn wider,
und wir werden verwandelt
in sein Bild von einer Herrlichkeit
zur andern von dem Herrn,
der der Geist ist.

2. Korinther 3,18

Die Schlange und das Glühwürmchen

Eine Schlange verfolgte einmal ein Glühwürmchen. Das Glühwürmchen flog schnell und verängstigt – deshalb konnte die Schlange es am ersten Tag nicht erwischen. Doch sie gab nicht auf. Am zweiten Tag und auch am dritten Tag konnte die Schlange das schnelle Glühwürmchen nicht schnappen.

Am vierten Tag hielt das Glühwürmchen mitten in der Verfolgungsjagd inne und schaute die Schlange an: „Frau Schlange, kann ich Ihnen drei Fragen stellen?"

„Ja", sagte die Schlange verwundert.

„Essen Sie normalerweise Glühwürmchen?", fragte das Insekt als Erstes.

„Nein", gab die Schlange zu.

„Habe ich etwas falsch gemacht?"

„Nein", musste die Jägerin wieder antworten.

„Warum wollen Sie mich dann fressen?", war die letzte Frage des Glühwürmchens.

Die letzte Antwort der Schlange war: „Weil ich nicht mag, wie du glänzt."

Jeder kennt das Gefühl von Neid – aber wofür ist es gut? Warum fühlen wir so? Zeigen wir Verständnis für alle Neider – und lassen uns trotzdem nicht am Glänzen hindern.

Seid nicht geldgierig,
und lasst euch genügen
an dem, was da ist.
Denn er hat gesagt:
„Ich will dich nicht verlassen
und nicht von dir weichen."

Hebräer 13,5

Immer derselbe Weg

Eines Tages ging ein Kalb durch den Wald, um zu seiner Wiese zurückzukehren. Da das Tier nicht sehr schlau war, ging es hin und her, bergauf und bergab, seinen eigenen verschlungenen Pfad entlang.

Am nächsten Tag lief ein Hund durch den Wald, der den ausgetretenen Weg des Kalbes benutzte. Als nächstes nutzte ein Widder diesen Pfad, dem eine ganze Herde folgte.

Nun war der Weg so deutlich sichtbar, dass auch Menschen ihn nutzten. Dabei fluchten sie, denn die Strecke war beschwerlich, mal machte sie eine Kurve nach links, dann nach rechts und führte über so manches Hindernis. Aber sie versuchten nicht, sich einen besseren Weg zu erschließen.

Nach vielen Jahren war eine breite Straße entstanden. Arme, müde Tiere wurden gezwungen, gepackt mit schweren Lasten eine lange Zeit darauf zu laufen. Was Stunden dauerte, hätte viel schneller gehen können, wenn das Kalb damals nur einen besseren Weg gewählt hätte.

Es verging noch mehr Zeit und aus der Straße wurde die Hauptstraße eines Dorfes, schließlich die Hauptstraße einer großen Stadt. Alle beschwerten sich, dass der Verkehr so kompliziert umgeleitet wurde und die Stadt nur über diesen komplizierten Weg erreichbar war.

Der weise und alte Wald lachte über die Menschen, die in ihrer blinden Routine stets dem gleichen Weg folgten. Es fiel ihnen gar nicht ein, sich zu fragen, ob es nicht eine bessere Option geben könnte. Dabei hätten sie sich schöne, neue Landschaften erschließen können.

Diesen Satz werden Sie bestimmt schon oft gehört haben: „Warum sollen wir etwas ändern, wenn wir es schon immer so machen?" Nicht nur Städteplaner scheuen Innovationen, wenn es eigentlich darum gehen sollte, die besten Wege zu finden. Wie oft fragen wir uns selbst, ob wir uns für das entscheiden, was gut für uns ist – oder eben das tun, was alle schon immer tun.

Und stellt euch nicht
dieser Welt gleich,
sondern ändert euch
durch Erneuerung eures Sinnes,
auf dass ihr prüfen könnt,
was Gottes Wille ist,
nämlich das Gute und
Wohlgefällige und Vollkommene.

Römer 12,2

Die Geschichte der Möbel

Ein reicher Mann wollte einen berühmten Weisen aufsuchen. Man zeigte ihm eine halb zerfallene Hütte weit abseits der Stadt. Darin gab es nur ein kaputtes Bett und einen Tisch mit Büchern, an dem ein Greis saß.

„Wo finde ich den Weisen?", fragte der reiche Mann verstört.

„Ich bin es", sagte der Alte. „Warum wundert dich das?"

„Ein weiser Mann mit vielen Schülern, über den alle sprechen, wohnt in einer heruntergekommenen, kleinen Hütte mit kaputten Möbeln! Das ist Eurer nicht würdig – Ihr solltet in einem Palast leben."

„Wo wohnst du?", entgegnete der Alte.

„Ich wohne in einer großen Villa mit herrlichen Möbeln."

„Und woher hast du das Geld, um dir das zu leisten?"

Der reiche Mann erklärte, dass seine Geschäfte gut laufen würden: Er kaufe zwei Mal im Jahr Waren in der Großstadt, die er dann an lokale Händler weiterverkaufe.

„Und wenn du in der Stadt bist, wo wohnst du dann?“, fragte der Weise weiter.

„Dann miete ich ein kleines Zimmer in einer Herberge“, antwortete der Geschäftsmann.

Der Alte sprach: „Wenn dich jemand in diesem kleinen Zimmer besuchen würde, könnte er dich auch fragen, warum du so bescheiden nächtigst. Du würdest antworten, dass du nur kurz dort bist und deshalb nicht mehr Luxus brauchst. Du würdest ihn einladen in dein wahres Heim, damit er sieht, dass du in Wirklichkeit ganz anders wohnst. Mein Freund, so geht es mir: In dieser materiellen Welt befinde ich mich nur auf der Durchreise – mein spirituelles Zuhause sieht ganz anders aus. Wenn du mich dort besuchst, wirst du sehen, dass ich in einem Palast lebe.“

Hat das Streben nach Luxus und Prunk in unserem Leben mehr Gewicht als spirituelle Werte? Schätzen wir die inneren oder äußeren Güter mehr?

Darum sage ich euch:
Sorgt euch nicht um euer Leben,
was ihr essen und trinken werdet;
auch nicht um euren Leib,
was ihr anziehen werdet.
Ist nicht das Leben mehr
als die Nahrung und der Leib
mehr als die Kleidung?

Matthäus 6,25

Ein besonderer Anlass

Ein Mann öffnete die Schublade einer Kommode seiner Frau und holte ein kleines Päckchen heraus, das in Seide gewickelt war.

„Das ist nicht nur ein Paket“, sagte er zu seinem besten Freund. „Darin ist sehr feine Wäsche.“ Er betrachtete die Seide und die Spitze und fuhr fort: „Ich habe meiner Frau dieses Geschenk vor acht oder neun Jahren gemacht, die Wäsche habe ich extra in New York gekauft. Aber sie hat sie nie getragen, sie wollte sie für eine besonderen Anlass aufheben. Ich glaube, dieser besondere Moment ist jetzt gekommen.“

Der Mann legte das Päckchen mit Tränen in den Augen auf das Bett zu den anderen Sachen, die er zum Bestatter mitnehmen würde, denn seine Frau war gestorben.

Der Mann drehte sich zu seinem Freund um und sagte: „Hebe niemals etwas für einen besonderen Anlass auf. Jeder Tag, den du erlebst, ist besonders!“

Diese Worte haben das Leben seines Freundes verändert. Er änderte sein ganzes Verhalten: Anstatt ständig zu putzen, las er mehr als früher. Er setzte sich öfter auf seine Terrasse, einfach nur um den Ausblick zu genießen und die Natur zu betrachten. Dabei störte ihn nicht mal mehr das Unkraut, das in seinem Garten wuchs. Er verbrachte viel mehr Zeit mit seiner Familie und mit seinen Freunden, anstatt ständig Überstunden zu machen.

Der Freund begriff, dass das Leben eine Sammlung aus Erfahrungen ist, die uns immer reicher werden lassen. Es lohnt sich nicht, auf bessere Zeiten zu warten. Deshalb benutzte er jeden Tag die guten Gläser und zog sein bestes Hemd zum Einkaufen im Supermarkt an, wenn ihm danach war. Das beste Parfüm war nicht mehr nur für die Festtage reserviert. Er gewöhnte sich an, das zu tun, worauf er Lust hatte und die schönen Dinge nicht aufzuschieben.

Was hätte die Frau seines besten Freundes wohl getan, wenn sie von ihrem frühen Tod gewusst hätte? Er war sich sicher, sie hätte ihre Familie und ihre Freunde angerufen, sich für einen Streit entschuldigt und hätte ihnen ihre Liebe ausgedrückt. Sie wäre in ihr Lieblingsrestaurant gegangen und hätte ihre Lieblingsmusik gehört.

Der Freund jedenfalls hätte es so gemacht, denn es wäre gerade um die kleinen Dinge schade, die man noch hätte tun können. Er wäre traurig, wenn er seine Freunde nicht ein letztes Mal getroffen hätte, vor allem die, zu denen er schon länger keinen Kontakt mehr gehabt hatte. Er wäre traurig, dass er seinen Lieben nicht öfter gesagt hat, wie sehr er sie liebt. Deshalb verschiebt er nichts mehr auf „irgendwann“ oder „eines Tages“. Er hebt nichts mehr für besondere Gelegenheiten auf, sondern sagt sich, dass jeder Tag etwas Besonderes ist. Jede Stunde, jede Minute ist besonders – wenn wir wollen.

Sind Sie bereit, jeden Moment Ihres Lebens als einen besonderen Anlass zu feiern? Erinnern Sie heute jemanden daran, wie wertvoll und einzigartig jeder Tag des Lebens ist.

Seid allezeit fröhlich, betet ohne Unterlass, seid dankbar in allen Dingen; denn das ist der Wille Gottes in Christus Jesus für euch.

1. Thessalonicher 5,16–18

Das letzte Abendmahl

Der Künstler Leonardo da Vinci bekam den Auftrag, das letzte Abendmahl Jesu zu malen. Es sollte ein großes Wandbild im Speisesaal des Dominikanerklosters Santa Maria delle Grazie in Mailand werden. Die Mönche des Klosters stellten sich gern als Modelle für das Gemälde zur Verfügung. Nur eines wollte sich keiner von ihnen anmaßen: das Modell für Jesus zu sein. Auch dem Judas wollte keiner sein Gesicht leihen. Leonardo musste sich außerhalb der Klostermauern umsehen. Über viele Tage und Wochen prüfte er die Männer, die ihm auf den Straßen begegneten. Wer hatte die richtigen Züge für einen Jesus – voller Wärme und Liebe?

Als Leonardo an einen Fluss kam, ging er zu einem Fährmann, um überzusetzen. Er betrachtete die feinen Züge des schönen Jünglings. Mit ruhigen Zügen brachte er das Fährboot über den Fluss. Er schien einen friedlichen, gefestigten Charakter zu haben. Der soll mein Jesus sein, entschied der Künstler. Der Fährmann zeigte sich einverstanden, dem Meister Modell zu stehen.

Als Leonardo den Kopf Jesu fertiggestellt hatte, war er sehr zufrieden – ebenso sein Auftraggeber. Dem schönen Fährmann gab er seinen Lohn, woraufhin dieser seiner Wege ging.

Immer noch fehlte das Gesicht von Judas, in dem sich seine Bosheit und Verlogenheit spiegeln sollte. Jahre zogen ins Land, aber der Fleck im Wandgemälde blieb weiß. Kein Mensch entsprach Leonardos Vorstellungen.

Eines Abends war er in der Stadt unterwegs, als ein Betrunkener ihm vor die Füße fiel. Ein Gastwirt hatte den Trinker auf die Straße geworfen und brüllte verärgert hinter ihm her. Als der Künstler ihn ansah, war ihm klar: Dieser Trunkenbold ist mein Judas! Der Alkohol hatte seine Spuren in dem verlebten Gesicht des Mannes hinterlassen, dazu hatte er einen boshaften Blick. So einem Mann traut man zu, einen Unschuldigen zu verraten und dem sicheren Tod auszuliefern.

Als er sein Modell malte, verlangte sein Modell nach flüssiger Bezahlung: Er trank die ganze Zeit hindurch und schien kaum wahrzunehmen, was um ihn herum gerade geschah.

Als Leonardo fast fertig war mit seinem Wandgemälde, versuchte der Trinker mit verschleiertem Blick das Bild vor ihm zu erkennen. Er sah das Gesicht Jesu und da geschah plötzlich etwas Ungewöhnliches: Er sprang auf, schien berührt und schockiert zugleich zu sein. Dann schrie er und rannte davon.

Leonardo war verwundert und dachte, der heruntergekommene Mann hätte sich im Angesicht Jesu für sein Verhalten geschämt. Doch durch ein paar Nachforschungen beim Gastwirt konnte er die wahre Geschichte zutage bringen: Der Trinker war ein rechtschaffener Mann mit Frau und Beruf gewesen. Doch dann starb seine Frau und er verlor seine Arbeit. Er stieg immer weiter ab, trank und trank. Früher war er einmal Fährmann gewesen. Da verstand der Künstler, dass sein Judas sein junges Bild als Jesus erkannt hatte. Es hatte nur wenige Jahre gebraucht, um aus Christus einen Judas zu machen.

Unser Gesicht ist ein Spiegel unserer Seele. Was können unsere Mitmenschen darin lesen?

Der Herr verzögert nicht
die Verheißung, wie es einige
für eine Verzögerung halten;
sondern er hat Geduld
mit euch und will nicht,
dass jemand verloren werde,
sondern dass jedermann
zur Buße finde.

2. Petrus 3,9

Das Gewicht von Wasser

Ein Motivations-Coach trat vor seine Zuhörer, in der Hand hielt er ein Glas mit Wasser. „Ich will heute nicht von Ihnen wissen, ob das Glas halb voll oder halb leer ist“, sagte er. „Schätzen Sie bitte: Wie schwer ist dieses Glas wohl?“

„200 Gramm“, antworteten die einen.

„Mindestens 500 Gramm“, meinten andere.

Der Coach schüttelte den Kopf. „Das absolute Gewicht bedeutet für mich nichts, wenn ich das Glas halten muss. Denn umso länger ich es halte, umso schwerer erscheint es mir. Ein paar Minuten sind kein Problem, aber in einer Stunde wird mein Arm schmerzen, nach einem Tag wäre mein Arm taub und paralysiert. Das Gewicht ändert sich zwar nicht, aber es kommt mir trotzdem schwerer vor.“

Nun stellte der Coach das Glas auf einem Tisch ab und erklärte die Übung: „Dieses Glas voll Wasser ist wie die Sorgen und der Stress, die wir mit uns durch das Leben tragen. Eine Weile kann ich mich damit beschäftigen, aber umso länger sie mich belasten, umso gefährlicher wird es: Die Sorgen können mich verletzen und stark beeinträchtigen – bis ich eines Tages handlungsunfähig und wie paralysiert bin."

Das leuchtete den Zuhörern ein und sie nahmen sich den Rat des Coaches zu Herzen: „Stellt das Glas einfach mal ab, schiebt Stress und negative Gefühle immer wieder mal weg."

Es ist besser, auch kleine Ärgernisse so schnell wie möglich zu klären, damit sie uns nicht zu lang auf das Gemüt drücken. Arbeitsstress sollten wir nicht mit nach Hause bringen und negative Gefühle durch Gedanken an glückliche Zeiten vertreiben.

Darum sorgt nicht für morgen,
denn der morgige Tag
wird für das Seine sorgen.
Es ist genug, dass jeder Tag
seine eigene Plage hat.

Matthäus 6,34

Angler-Ethik

Ein elfjähriger Junge nutzte jede Gelegenheit, um sich aus dem Haus seiner Familie zu stehlen, das auf einer Insel eines Sees stand. Denn er ging am liebsten fischen. Einen Tag, bevor die Barsch-Saison eröffnet wurde, ging der Vater abends mit seinem Sohn zum Angeln. Zuerst angelten sie mit Würmern, dann versuchten sie es mit einem kleinen silbernen Köder, um das Auswerfen zu üben. Der Köder tauchte unter Wasser und verursachte kleine bunte Wellen auf der Oberfläche, als die Sonne unterging. Die kleinen Wellen wurden silbern, als der Mond über dem See aufgegangen war.

Als etwas kräftig an der Angel zog, wusste der Junge, dass er etwas Großes gefangen hatte. Der Vater bewunderte, wie sein Sohn geübt die Angel festhielt und den Fisch schließlich aus dem Wasser zog. Es war der größte Fisch, den der Junge je gesehen hatte – aber es war ein Barsch.

Vater und Sohn betrachteten das Prachtexemplar und wie die Kiemen sich im Mondlicht öffneten und schlossen. Der Vater sah auf die Uhr, es war zehn Uhr nachts – zwei Stunden, bevor die Saison begann. Er blickte auf den Fisch und dann auf seinen Sohn.

„Wir müssen den Fisch zurückwerfen, mein Sohn“, sagte der Vater.

„Aber, Papa!“, protestierte der Junge.

„Es gibt noch andere Fische“, wollte er sein Kind beschwichtigen.

„Aber nicht so große!“, weinte der Kleine. Er sah sich um und entdeckte weder andere Angler noch Boote auf dem See. Dann betrachtete er seinen Vater.

Obwohl keiner sie gesehen hatte und ihnen niemand nachweisen konnte, zu welcher Zeit sie den Fisch gefangen hatten, wusste der Junge, dass sein Vater nicht mit sich reden ließ. Die Klarheit in seiner Stimme machte deutlich, dass er nicht von seiner Entscheidung abrücken würde. Der Sohn entfernte langsam den Haken aus der Lippe des Barsches und brachte ihn zurück zum Wasser.

Der Fisch verschwand und der Junge dachte, er würde nie wieder so ein großes Exemplar zu Gesicht bekommen.

Das war vor 34 Jahren. Heute ist der Junge ein angesehener Architekt. Das kleine Haus seiner Familie steht immer noch auf der Insel mitten auf dem See. Heute bringt er seinen eigenen Sohn und seine Tochter dorthin, um zu fischen.

Er hatte recht. Er hat nie wieder so einen wunderschönen, großen Fisch gefangen wie in dieser Nacht mit seinem Vater. Aber er sieht diesen Fisch immer wieder vor sich – immer dann, wenn es um eine ethische Frage geht.

Denn sein Vater hat ihm beigebracht, dass die Ethik eine einfache Angelegenheit ist – es gibt nur richtig oder falsch. Aber die Umsetzung der Ethik ist sehr schwer. Tun wir das richtige, selbst wenn uns keiner beobachtet? Weigern wir uns, Aufträge schlampig auszuführen, um sie rechtzeitig abzugeben? Schlagen wir Geschäfte aus, weil wir Informationen bekommen haben, die wir eigentlich gar nicht haben dürften?

Wenn wir gelernt hätten, einen gefangenen Fisch zurück ins Wasser zu bringen, als wir jung waren, würden wir uns richtig verhalten. Denn wir hätten die Wahrheit gelernt.

Die Entscheidung dafür, das Richtige zu tun, wäre uns in Fleisch und Blut übergegangen. Es wäre eine Geschichte, die wir stolz unseren Freunden und Enkelkindern erzählen würden. Dabei geht es nicht darum, das System zu überlisten – sondern darum, das ethisch Richtige zu tun und dadurch für immer gestärkt zu werden.

In welchen Situationen tun wir nicht das Richtige – nur weil wir denken, keiner wird es merken? Haben wir ein reines Gewissen? Fühlt es sich nicht viel besser an, auch in der Praxis nach ethischen Grundsätzen zu leben?

Lass dich nicht vom Bösen überwinden, sondern überwinde das Böse mit Gutem.

Römer 12,21

Wenn der Wind weht

Vor vielen Jahren besaß ein Bauer Land entlang der atlantischen Küste Amerikas. Er suchte per Zeitungsanzeigen nach Helfern für seine Farm – viele meldeten sich nicht freiwillig dafür, denn sie fürchteten die heftigen Stürme, die am Ozean entlang tobten. Sie verursachten Schäden an Gebäuden und der Ernte. Auf der Suche nach Hilfe bekam der Bauer immer wieder Absagen.

Schließlich meldete sich ein kleiner, dünner Mann, der bereits recht alt war. „Sind Sie ein guter Arbeiter?", fragte der Bauer.

„Nun, ich kann schlafen, obwohl der Wind weht", antwortete der Mann.

Den Bauer verwirrte diese Antwort, aber er brauchte dringend eine helfende Hand auf seinem Hof, deshalb engagierte er den Bewerber. Der kleine Mann arbeitete fleißig, von Sonnenauf- bis -untergang. Der Bauer war sehr zufrieden mit ihm.

In einer Nacht heulte der Wind laut vom Meer heran. Der Bauer sprang aus dem Bett und schnappte sich ein Licht. Er lief zum Schlafquartier seines Helfers, rüttelte den Schlafenden und schrie: „Steh auf, ein Sturm kommt. Wir müssen alles festbinden, bevor es davonfliegt."

Der kleine Mann drehte sich auf seinem Lager um und sagte: „Nein, ich sagte Ihnen, ich kann schlafen, wenn der Wind weht."

Diese Antwort machte den Bauern rasend, er wollte ihm am liebsten direkt kündigen – aber er musste schnell alles absichern, bevor der Sturm da war.

Erstaunt stellte er fest, dass bereits alle Heuballen abgedeckt waren. Die Kühe und Hühner waren in ihren Ställen und alle Türen waren verriegelt. Die Fensterläden waren fest geschlossen. Alles war gesichert, nichts konnte wegfliegen.

Der Bauer verstand nun, was seine Hilfskraft gemeint hatte. Also ging er zurück in sein Bett und schlief ebenfalls, als der Wind über sie hinwegwehte.

Können Sie ruhig schlafen, wenn Stürme über Ihr Leben fegen? Sind Sie bereit für die Herausforderungen des Lebens? Wenn Überzeugungen, Glaube und Prinzipien gefestigt sind, können wir uns sicher fühlen. Wer auf Gott vertraut, muss keinen Sturm fürchten.

**Fürchte dich nicht, ich bin mit dir;
weiche nicht, denn ich bin dein Gott.
Ich stärke dich, ich helfe dir auch,
ich halte dich durch die rechte Hand
meiner Gerechtigkeit.**

Jesaja 41,10

Der Schmetterling und die Blume

Ein Mann betete zu Gott und bat um eine Blume und einen Schmetterling. Doch Gott gab ihm einen Kaktus und eine Raupe. Der Mann war traurig und verstand nicht, warum Gott seine Bitte falsch verstanden hatte.

Dann dachte er: „Gott muss sich um so viele Menschen kümmern, ich werde ihn nicht infrage stellen."

Er ließ den Kaktus und die Raupe in seinem Garten stehen und schaute erst nach einigen Tagen wieder nach ihnen.

Der Mann war sehr überrascht, als der stachelige, hässliche Kaktus mit wunderbaren Blüten übersät war und die Raupe sich in einen bunten Schmetterling verwandelt hatte.

Was die Menschen wollen, ist nicht immer das, was sie eigentlich brauchen. Manchmal verstehen wir den Sinn einer Gabe, einer Situation oder sogar eines Unglücks erst wesentlich später.

Deshalb sollte jeder daran denken, dass die Dornen von heute schon morgen herrliche Blüten tragen können.

Verlass dich auf den Herrn
von ganzem Herzen,
und verlass dich nicht
auf deinen Verstand,
sondern gedenke an ihn
in allen deinen Wegen,
so wird er dich recht führen.

Sprüche 3,5.6

Verkaufen Sie Ihr Haus?

Der Besitzer eines Ladens ging zu einem stadtbekannten Dichter und sagte: „Ich möchte unser Landhaus verkaufen. Sie kennen es ja gut, können Sie eine Anzeige für die Zeitung verfassen?“

Der Dichter schrieb auf einen Zettel: „Herrliches Anwesen zu verkaufen, wo die Vögel an jedem Morgen ihre Lieder von den grünen Bäumen herab singen und kristallklares Wasser in einem kleinen Bach fließt. Das Haus wird beleuchtet von der Morgensonne und bietet angenehmen Schatten auf der Terrasse am Nachmittag.“

Monate später traf der Dichter den Ladenbesitzer wieder und fragte ihn, ob er das Landhaus verkauft habe.

„Ich denke gar nicht daran. Als ich die Anzeige gelesen hatte, habe ich begriffen, wie viel Schönheit wir besitzen. Wie sollte ich so einen wunderbaren Ort verkaufen?“

Schätzen wir, was wir haben oder schielen wir in Wirklichkeit doch nur nach anderen Dingen, Menschen und Aufgaben? Manchmal hilft es, wenn uns andere daran erinnern, welche Schätze wir bereits unser eigen nennen dürfen.

**Ich danke dem Herrn
von ganzem Herzen
und erzähle alle deine Wunder.**

Psalm 9,2

Säen heißt Hoffen

Ein Mann fuhr jeden Tag mit dem Bus zur Arbeit. Auf halbem Weg stieg jeden Morgen eine alte Frau zu und setzte sich ans Fenster. Nach einer Weile holte sie etwas aus ihrer Tasche und warf es aus dem Fenster.

Der Mann beobachtete die ältere Dame wochenlang, bis er sie endlich fragte, was sie da tat.

„Das sind Samen", antwortete sie fröhlich.

„Was für Samen?", wollte der Mann wissen.

„Blumensamen. Wenn ich hinaussehe, ist alles so trist. Wäre es nicht nett, wenn wir aus dem Fenster sehen und uns an wunderbaren Blumen erfreuen könnten?"

Der Mann überlegte kurz und sagte dann: „Aber dort draußen ist doch keine Erde, auf der die Blumen wachsen könnten. Die Samen werden von den Vögeln geholt, zertreten oder von den Autos zerquetscht."

Unbekümmert meinte die alte Dame: „Den meisten Samen wird es wahrscheinlich so ergehen, aber ein paar schaffen es vielleicht."

„Aber die Samen brauchen auch noch Wasser zum Wachsen."

Die Alte lachte. „Der Regen kommt von selbst."

Der Mann stieg aus und ging zur Arbeit. Er bedauerte die Frau ein bisschen.

Ein paar Monate später ging der Mann wie gewohnt zur Bushaltestelle, stieg in den Bus und sah durch das Fenster, dass die ganze Straße gesäumt war von bunten Blumen. Er schaute sich im Bus um, aber er konnte die alte Frau nicht sehen. Es fiel ihm auf, dass sie bereits ein paar Wochen lang nicht mehr mit ihm gefahren war. Er fragte den Busfahrer nach ihr und erfuhr, dass die alte Dame bereits vor einem Monat gestorben war.

Der Mann setzte sich zurück auf seinen Sitz und betrachtete die Blütenpracht. Wieder bedauerte er die Frau. Die ganzen Mühen waren umsonst, denn sie durfte die Blumen nicht mehr erleben. Doch da sah er an einer Haltestelle, wie ein kleines Mädchen laut lachend um die Blumen hüpfte. „Schau, Papa, wie schön die Blumen blühen!"

Nicht jede gute Absicht und Tat fällt auf einen fruchtbaren Boden, aber es lohnt sich trotzdem: Selbst eine kleine Handlung kann einen großen Effekt haben. Das Wichtigste ist, dass wir die Hoffnung nie aufgeben.

Der Gott der Hoffnung aber
erfülle euch mit aller Freude
und Frieden im Glauben,
dass ihr immer reicher werdet
an Hoffnung durch die Kraft
des Heiligen Geistes.

Römer 15,13

Der besondere Ring

Ein junger Mann erschien bei einem Weisen, um sich helfen zu lassen. Er erklärte sein Problem: „Meister, ich fühle mich wertlos. Alles mache ich falsch, ich stelle mich immer so ungeschickt an. Ich möchte, dass die Menschen besser von mir denken. Ich will besser und erfolgreicher werden."

Der Weise beachtete den Jungen kaum. Mürrisch antwortet er: „Ich habe selbst ein Problem. Bis das nicht gelöst ist, kann ich keine Lösung für dich finden. Aber wenn du mir hilfst, kann ich mich dir ganz widmen."

Der junge Mann willigte ein.

Der Alte zeigte ihm einen Ring: „Den muss ich verkaufen, damit ich einen Schuldner auszahlen kann. Nimm mein Pferd und reite damit auf den Markt, um den Ring zu verkaufen. Aber achte darauf, dass du ihn nicht für weniger als ein Goldstück hergibst, so viel brauche ich."

Der Mann tat, was ihm aufgetragen wurde. Doch auf dem Markt wollte ihm keiner ein Goldstück für den Ring geben. Er wurde ausgelacht, weggescheucht und sogar ganz ignoriert. Ein Händler erklärte, dass der Ring einfach nicht so viel wert sei. Er bot ihm eine Silbermünze dafür – doch der junge Mann lehnte ab und kehrte zum Weisen zurück. Er war sehr traurig, denn er hatte ja gehört, dass der Alte sich nun nicht seinem Problem widmen würde.

„Entschuldigt", sagte er zum Weisen. „Ich konnte keinen finden, der den wahren Wert des Rings geschätzt hat. Es war keiner bereit, mir eine Goldmünze zu zahlen."

Der alte Mann lächelte ihn an: „Was du sagst, ist richtig, wir müssen erst den wahren Wert des Rings in Erfahrung bringen. Ein Goldschmied weiß das besser als die Händler auf dem Markt. Frag ihn, wie viel er dafür zahlen würde. Verkaufe ihn aber nicht, bring den Ring erst zu mir zurück."

Beim Goldschmied angekommen, musste der junge Mann einige Zeit warten. Der Goldschmied untersuchte den Ring mit einer Lupe und einer hellen Lampe, prüfte den Stein und wog ihn. Danach sagte er: „Wenn dein Herr den Ring gleich verkaufen will, kann ich etwa 55 Goldmünzen dafür geben, wenn er etwas Geduld hat, vielleicht sogar 70 Goldmünzen."

Schnell eilte der Junge zum weisen Mann und freute sich, ihm die Antwort des Goldschmieds mitzuteilen. Der Alte lächelte wieder und bat den anderen, sich zu setzen. Währenddessen streifte er den Ring wieder über seinen Finger.

„Da hast du die Lösung für dein Problem. Du bist der Ring – ein kostbares, einzigartiges Schmuckstück. Nicht jeder kann deinen wahren Wert erkennen, das kann nur ein Fachmann. Erwarte nicht, dass jeder sofort deinen Wert erkennt."

Warum erwarten wir, dass jeder unsere Fähigkeiten direkt schätzt, ohne uns überhaupt zu kennen? Wir sollten nicht so viel auf das Urteil anderer geben, wenn sie uns fremd sind. Wir sind einzigartig und sollten uns daher auch nicht mit anderen vergleichen.

Denn wo Neid und Streit ist,
da sind Unordnung
und lauter böse Dinge.

Jakobus 3,16

Die Lehren Gandhis

Gandhi, der spirituelle Führer der Hindus, war bekannt für seine Güte und Friedfertigkeit. Viele Geschichten wie die beiden folgenden berichten davon.

Einer seiner Anhänger war eifersüchtig auf Gandhi und wollte ihn töten. Als er auf einer einsamen Straße unterwegs war, wartete der Verräter auf einem nahe gelegenen Hügel. Er rollte einen großen Stein hinab, der Gandhi erschlagen sollte. Glücklicherweise wurde der Stein von einem Baum gestoppt, bevor er sein Ziel erreichte. Aus der Ferne erkannte Gandhi den Angreifer, sagte jedoch nichts und erzählte niemandem, was an diesem Tag geschehen war. Einige Tage später trafen sich die beiden Männer zufällig. Ohne zu zögern, begrüßte Gandhi den Verräter voller Freude und Respekt. Verwundert fragte dieser, ob er denn gar nicht böse sei.

„Nein", entgegnete Gandhi schlicht.

„Wie kannst du das sagen?", wollte der andere wissen. „Warum hast du niemandem gesagt, was ich getan habe?"

Gandhis Antwort: „Weil du nicht mehr derjenige bist, der den Stein geworfen hat – und ich bin auch nicht mehr derjenige, nach dem der Stein geworfen wurde.“

„Niemand kann zweimal in den gleichen Fluss steigen“, sagte der griechische Philosoph Heraklit. Menschen, Gefühle und Überzeugungen können sich ändern – zum Positiven, wenn wir an Vergebung glauben.

Eine andere Geschichte von Gandhi zeigt, dass der Meister seine Lehren gern in Allegorien ausdrückte.

Als ihn seine Jünger danach fragten, wie er so friedfertig und ohne Aggression leben könne, nahm er sie mit auf einen Friedhof. An diesem düsteren Ort forderte er sie auf, die Toten nach Leibeskräften anzuschreien, sich zu beschweren und sie zu beleidigen. Danach sollten sie ihnen alle freundliche Worte sagen und schmeicheln.

Es war eine amüsante Übung, doch dann rief Gandhi alle zusammen, um zu erklären: „Es ist nötig, von den Guten zu lernen.

Wir müssen gleichgültig werden gegenüber Angriffen und Komplimenten. Aus dieser Gleichgültigkeit können andere Tugenden wie Freundlichkeit und Verständnis entstehen.“

Gandhi hielt sich streng an seine Gebote. Aus seinem Verhalten wurde der „friedliche Widerstand“ geboren. Wie würde sich unser Leben verändern, wenn wir nach dieser einfachen, aber mächtigen Philosophie leben würden? Nicht aggressiv, sondern verständnisvoll reagieren – nicht eitel werden, sondern bescheiden?

Selig sind, die Frieden stiften;
denn sie werden Gottes Kinder heißen.

Matthäus 5,9

Die Vorfreude des Hundes

Ein todkranker Mann hatte den Pfarrer zu sich ins Hospiz rufen lassen. Er fragte den Geistlichen: „Ich habe Angst vor dem Sterben. Bitte sagen Sie mir: Was erwartet mich auf der anderen Seite?"

„Das kann ich Ihnen nicht sagen", meinte der Pfarrer. „Ich weiß es nicht."

„Das wissen Sie nicht?", entgegnete der Sterbende enttäuscht.

Anstatt weiterzusprechen, stand der Pfarrer auf und öffnete die Tür, vor der der Hund des kranken Mannes wartete. Er lief freudig zum Bett seines Herren und leckte ihm mit wedelndem Schwanz die Hand. Er zeigte deutlich, wie sehr er sich freute, bei seinem Herrchen sein zu dürfen.

„Sehen Sie, wie sich Ihr Hund verhält?", sprach nun der Geistliche. „Er kennt diese Umgebung eigentlich gar nicht, aber er weiß, dass sein Herr hinter der Tür ist. Darum sprang er freudig herein, sobald die Tür sich öffnete. Ich weiß nicht genau, was uns nach dem Tod erwartet, aber ich weiß, dass unser Herr und Meister auf der anderen Seite ist. So werde ich eines Tages voller Freude durch die Tür schreiten, wenn sie sich für mich öffnet."

Oft machen wir uns Gedanken und Vorstellungen, was nach dem Tod geschieht. Dabei genügt es zu wissen, dass uns Gott erwartet.

**Denn ich bin gewiss,
dass weder Tod noch Leben,
weder Engel noch Mächte noch Gewalten,
weder Gegenwärtiges noch Zukünftiges,
weder Hohes noch Tiefes noch irgendeine
andere Kreatur uns scheiden kann
von der Liebe Gottes, die in
Christus Jesus ist, unserm Herrn.**

Römer 8,38.39

Die Lektion mit der Kohle

Ein Mann, der einer Gruppe von Freunden angehört hatte, ließ lange Zeit nichts von sich hören.

Nach ein paar Wochen ging der Anführer der Gruppe in einer kalten Nacht zu ihm. Er fand den Mann allein zu Hause vor einem Kamin, in dem ein helles, gemütliches Feuer loderte.

Der Mann wusste schon, warum sein Freund gekommen war, und wartete darauf, dass er mit ihm sprechen würde. Doch er schwieg. Beide Männer sahen in die tanzenden Flammen und hörten, wie die Scheite knisterten.

Nach ein paar Minuten stand der Anführer ohne ein Wort zu sagen auf, und nahm mit einer Zange ein großes Stück Kohle aus dem Feuer und legte es an den Rand. Dann setzte er sich stumm wieder hin und zündete sich eine Pfeife an.

Der Gastgeber beobachtete das Stück Kohle. Bald gingen die Flammen zurück, nur noch die heiße Glut war zu sehen. Das Feuer der Kohle war erloschen. Das warme, helle

Licht war verschwunden. Die Kohle war nur noch ein schwarzes, kaltes Stück mit einer Ascheschicht überzogen.

Der Anführer erhob sich erneut und legte die Kohle zurück in das Feuer, wo sie wieder entfacht wurde durch die anderen Kohlestücke, neues Licht und Wärme ausstrahlte.

Der Anführer wollte das Haus seines Freundes ohne ein Wort verlassen, doch da sagte der Mann: „Danke für deinen Besuch und diese schöne Lektion. Ich komme wieder zu eurer Gruppe zurück. Gute Nacht."

Jede Gruppe lebt von ihren Mitgliedern. Wenn es weniger werden, kann das Feuer nicht mehr so hell scheinen und keine Wärme mehr verbreiten. Jeder sollte daran denken, dass er ein wichtiger und wertvoller Teil der Gemeinschaft ist. Ein guter Anführer erinnert die Mitglieder daran, dass jeder dafür verantwortlich ist, die Gemeinschaft zu fördern, damit das Feuer stark und dauerhaft lodern kann.

Ich ermahne euch aber,
liebe Brüder,
im Namen unseres
Herrn Jesus Christus,
dass ihr alle mit einer Stimme redet
und lasst keine Spaltungen
unter euch sein, sondern haltet
aneinander fest in einem Sinn
und in einer Meinung.

1. Korinther 1,10

Die Strategie der Eule

Eine kleine Feldmaus lief durch einen dichten Wald und konnte nicht mehr herausfinden.

Da kam sie am Baum einer Eule vorbei und bat: „Bitte hilf mir, weise Eule. Wie komme ich aus diesem Wald heraus?"

„Das ist einfach", sagte die Eule. „Lass dir Flügel wachsen und fliege über den Wald hinweg, so wie ich es mache."

„Aber wie soll ich mir denn Flügel wachsen lassen?", wollte die Maus wissen.

Die Eule reckte ihren Schnabel in die Luft und antwortete: „Belästige mich nicht mit den Details. Ich empfehle nur die Strategie."

Richtlinien festzulegen und sich um die Umsetzung der Einzelheiten zu kümmern sind zwei verschiedene Tätigkeiten. Doch für die Motivation der Mitarbeiter ist es wichtig, dass sich die Vorgesetzten Zeit nehmen, um über alle Aspekte zu sprechen.

Darum tröstet euch
untereinander und einer erbaue
den andern, wie ihr auch tut.

1. Thessalonicher 5,11

Angst vor Risiken

Als es in seinem Königreich Krieg gab, musste ein König seine Festung verteidigen. Sie konnten die Angreifer überwältigen. Der König ließ sie alle in einen Raum sperren – auf der einen Seite warteten seine Bogenschützen, auf der andere Seite führte eine Tür ins Unbekannte.

Der König sprach zu seinen Feinden: „Ihr habt die Wahl, sterbt durch die Pfeile meiner Bogenschützen oder geht durch die geheimnisvolle Tür ins Unbekannte." Alle wählten den Tod.

Wenig später fragte einer seiner Ritter den König: „Was befindet sich hinter der schrecklichen Tür?"

Der König gab ihm zur Antwort: „Geht und seht selbst."

Der Ritter öffnete vorsichtig die Tür. Strahlender Sonnenschein erhellte den Raum dahinter, denn ein Weg führte direkt ins Freie.

„Ich habe ihnen die Wahl gelassen", sagte der König. „Doch sie sind lieber gestorben, als das Risiko einzugehen, die Tür ins Ungewisse zu öffnen."

Wie viele Möglichkeiten lehnen wir ab, weil sie uns auf unbekanntes Terrain führen? Wie oft lassen wir eine Tür lieber geschlossen, aus Angst zu scheitern? Die Angst und die Ungewissheit sind große Hindernisse auf dem Weg zu einem erfüllten Leben.

Wenn du durch Wasser gehst,
will ich bei dir sein,
und wenn du durch Ströme gehst,
sollen sie dich nicht ersäufen.
Wenn du ins Feuer gehst,
wirst du nicht brennen,
und die Flamme wird dich
nicht versengen.

Jesaja 43,2

Die Kraft der Überzeugung

In Japan herrschten früher die Shogune. Ein Feldherr, der 1.000 Samurai befehligte, wollte mit ihnen 10.000 Gegner angreifen.

Vor der Schlacht rief er sie zusammen und sprach: „Wir sind unterlegen, was die Anzahl unserer Männer angeht, doch ich will eine Münze werfen, um unser Schicksal zu befragen. Zeigt die Seite mit dem Wappen nach oben, werden wir siegen. Zeigt die Zahl nach oben, ist der Kampf verloren."

Der Shogun warf die Münze: Oben lag das Wappen.

Am folgenden Tag gewannen sie den Krieg, denn alle waren davon überzeugt, obwohl sie in der Unterzahl waren.

Nach der Schlacht zeigte der Shogun seinen Kommandeuren die Münze: Auf beiden Seiten war ein Wappen eingraviert.

Die Entscheidung für Erfolg oder Niederlage fällt oft bereits in unseren Köpfen. Wenn wir unseren Geist mit unseren Träumen verbinden, lassen sich unsere Wünsche einfacher erreichen. Unsere Gedanken haben viel Macht.

Menschenfurcht bringt zu Fall;
wer sich aber auf den Herrn verlässt,
wird beschützt.

Sprüche 29,25

Die Fähigkeiten des Fährmanns

Es war einmal ein Fährmann, der seine Passagiere über einen reißenden Fluss beförderte. Einmal ruderte er einen altklugen Gelehrten ans andere Ufer. Sie unterhielten sich eine Weile, bis der Gelehrte den Fährmann darauf hinwies, dass er viele Grammatikfehler mache. Er tadelte den Fährmann sogar dafür, dass dieser nicht gebildeter war: „Du hast dein halbes Leben vertan!“

Kurz darauf nahm die Strömung des Flusses zu, die Fähre wankte hin und her. Da fragte der Fährmann seinen Passagier: „Kannst du schwimmen?“

Der Gelehrte verneinte ängstlich. Da seufzte der Fährmann: „Dann war dein ganzes Leben vergebens, denn wir werden gleich sinken.“

Wir schließen von uns auf andere. Unsere Qualitäten und Fähigkeiten erwarten wir von anderen – ohne ihnen zuzugestehen, dass sie sich vielleicht durch andere Besonderheiten auszeichnen.

Durch den Mund des Gottesverächters wird sein Nächster verderbt; aber die Gerechten werden durch Erkenntnis errettet.

Sprüche 11,9

Der gerissene Topf

Ein indischer Wasserträger ging täglich mit seinen zwei Töpfen zum Bach. Die Töpfe hingen an einer Stange, die er auf dem Weg über seinen Nacken gelegt hatte. Einer der Töpfe war perfekt, er war stets voll mit Wasser. Der andere hatte einen Sprung und war deshalb halb leer, bis der Mann wieder im Dorf ankam.

So ging das zwei Jahre lang. Jeden Tag kam er mit einem vollen und einem halb leeren Topf voller Wasser zu Hause an. In dieser Zeit war der perfekte Topf stolz auf sich, aber der kaputte machte sich große Vorwürfe, weil er nur die halbe Aufgabe vollbringen konnte.

Deshalb sprach der gesprungene Topf den Wasserträger eines Tages an: „Ich möchte mich bei dir entschuldigen, denn ich schäme mich schrecklich für den Sprung. Ich kann nicht das ganze Wasser für dich transportieren – obwohl ich mir alle Mühe gebe."

Da entgegnete der Wasserträger: „Du hast wohl nie darauf geachtet, wie schön die Blumen auf deiner Seite des Weges sind? Auf der anderen Seite wächst keine einzige. Weil ich von deinem Sprung weiß, habe ich die Blumensamen auf deiner Seite ausgestreut und du hast sie jeden Tag gewässert. Seit zwei Jahren pflücke ich diese herrlichen Blumen und schmücke damit mein Haus. Wärst du perfekt, wäre mein Haus nicht so schön dekoriert. Deshalb danke ich dir für die Freude, die du mir machst."

Jeder von uns kennt Selbstkritik – aber manche gehen auch hart mit ihrer Familie und den Mitarbeitern ins Gericht. Es lohnt sich, einmal zu überlegen, ob die Schwächen, von einem anderen Blickpunkt aus betrachtet, nicht sogar Stärken sein können.

Lasst uns aber Gutes tun
und nicht müde werden;
denn zu seiner Zeit
werden wir auch ernten,
wenn wir nicht nachlassen.

Galater 6,9

Ein Wurm an der Spitze

Ein mächtiger Adler hatte sein Nest hoch oben auf steilen Felsen gebaut, der fast den Himmel berührte. Dort legte der Vogel seine Eier, aus denen kleine Adler schlüpften. Der Vogel war beruhigt, dass sie so weit oben ganz in Sicherheit waren. Jeden Tag flog er los, um Nahrung für sich und seine Kleinen zu jagen.

Einmal kehrte er zurück und machte eine unangenehme Entdeckung: Ein Wurm hatte es sich mitten im Adlernest gemütlich gemacht. Wütend und verwirrt packte der Adler den Eindringling mit seinen Klauen – bereit, ihn sofort zu töten.

„Wie bist du hier hoch gekommen, du Unglücklicher?", wollte der Vogel wissen.

Der Wurm zitterte am ganzen Körper und flehte: „Bitte töte mich nicht! Dann sage ich dir auch, wie ich hierher gekommen bin."

Der Vogel war ärgerlich, aber auch neugierig. Also willigte er ein: „Sag es mir und ich verschone dich, das verspreche ich dir."

„Guter Adler", erklärte der Wurm. „Ich kam hierher, indem ich mich mit aller Kraft am Fels hinaufgezogen habe, ich habe gezogen, gezogen, gezogen ..."

Adler fliegen mühelos in höchste Höhen, aber der Wurm kommt nur mit großer Anstrengung an sein Ziel. Gibt es noch einen Unterschied zwischen ihnen, wenn sie die Spitze erreicht haben? Warum sollte nicht jeder in der Lage sein, Großes zu leisten?

**Denn wenn der gute Wille da ist,
so ist jeder willkommen
nach dem, was er hat,
nicht nach dem, was er nicht hat.**

2. Korinther 8,12

Der König des Dschungels

Im Dschungel lebten drei junge Löwen. Eines Tages berief der Affe, den die anderen Tiere als ihren Vertreter gewählt hatten, eine Versammlung aller Dschungelbewohner ein.

Es ginge darum, eine Entscheidung zu treffen, sagte der Affe, und weiter: „Ihr alle wisst, dass der Löwe der König der Tiere ist, aber wir haben drei Löwen – wir müssen uns entscheiden, welcher unser König sein soll. Alle drei sind sehr stark; welchem sollen wir gehorchen?"

Als die Löwen von der Sitzung erfuhren, besprachen sie sich untereinander: „Die Sorge der Tiere ist berechtigt. Im Dschungel kann es nicht drei Könige geben. Wir wollen nicht miteinander kämpfen, weil wir gute Freunde sind. Also gehen wir nachfragen, wie die Tiere sich entschieden haben."

Die Tiere hatten reiflich überlegt und teilten den Löwen das Ergebnis mit: „Wir haben eine einfache Lösung gefunden und beschlossen, dass ihr alle drei den höchsten Berg des Dschungels erklimmen müsst. Wer von euch zuerst den Gipfel erreicht, soll unser König sein."

Die Löwen nahmen die Herausforderung an. Alle Tiere kamen am Fuße des Berges zusammen, um den Aufstieg zu beobachten. Einer der Löwen schaffte es nicht mal, ein Stück des Berges zu erklimmen. Der zweite begann voller Elan, rutschte jedoch nach kurzer Zeit wieder nach unten. Der dritte Löwe schaffte es zwar, den Gipfel zu erreichen – aber er kam nicht wieder nach unten.

Die Tiere waren verzweifelt: „Wenn es keiner schafft, wer soll dann unser König sein?"

Da ergriff der alte, weise Adler das Wort: „Ich weiß die Antwort!"

„Wie?", fragten alle Tiere gespannt.

Der Adler erklärte: „Die Einstellung ist das Wichtigste. Als die Löwen hochgeklettert sind, bin ich um sie herumgeflogen und habe gehört, was sie gesagt haben. Die zwei gescheiterten Löwen riefen: Berg, du besiegst mich. Der dritte hat gesagt: Berg, du hast mich für jetzt besiegt, denn ich komme nicht wieder herunter – aber ich bin noch nicht ausgewachsen. Der Löwe auf dem Berg hat seine Niederlage eingesehen, aber hat noch nicht aufgegeben. Er hat erkannt, dass er es bald schaffen wird, zu uns herunterzukommen. Damit ist er größer als das Problem, er ist der König seiner selbst und kann auch unser König sein."

Alle Tiere applaudierten. Als es der Löwe ein paar Tage später schaffte, den Berg herabzusteigen, krönten sie ihn zu ihrem König.

Viele Probleme erscheinen anfangs unlösbar – doch mit der Zeit und mit der Art, wie wir mit ihnen umgehen, ergeben sich Antworten und Hilfestellungen. Trotz einer Niederlage dürfen wir immer wieder aufstehen, unsere Probleme erneut überdenken und nie unser Selbstwertgefühl aufgeben.

Lasst uns aber Gutes tun
und nicht müde werden;
denn zu seiner Zeit
werden wir auch ernten,
wenn wir nicht nachlassen.

Galater 6,9

Das ist Motivation

Eines Tages wurde das Pferd eines Bauern krank. Er rief den Tierarzt, der das Pferd untersuchte. Vor dem Stall sagte der Tierarzt zum Bauern: „Dein Pferd ist sehr krank, wenn es in drei Tagen nicht gesund wird, steckt es die anderen Tiere an. Gib ihm diese Medizin, an jedem Tag einmal. In drei Tagen werde ich wiederkommen und das Pferd einschläfern, wenn es nicht aufgestanden ist."

Das Schwein hatte alles mit angehört und lief schnell in den Stall. Es sagte zum Pferd: „Mein Freund, bitte steh auf!" Doch das Pferd war zu krank, um sich zu bewegen. Auch am nächsten Tag ging das Schwein zum Pferd und wollte es überzeugen, endlich aufzustehen: „Mach schon, rühr dich, sonst bist du bald tot!" Am dritten Tag gab der Bauer dem Pferd wieder die Medizin, doch das Pferd blieb am Boden liegen. Als der Tierarzt erschien, meinte er: „Es gibt leider keine Wahl, das Pferd muss nun eingeschläfert werden, bevor sich die anderen Tiere anstecken."

Das Schwein schrie seinem Freund zu: „Steh endlich auf, Pferd! Das ist deine letzte Chance!“ Da erhob sich das Pferd und lief aus dem Stall, am Bauern und dem Tierarzt vorbei. Außer sich vor Freude rief der Bauer: „Das ist ein Wunder, lasst uns feiern! Wir schlachten das Schwein und machen ein Grillfest!“

Die Arbeitswelt ist oft unfair: Oft werden gerade die Arbeitnehmer gefeuert oder bei Beförderungen übersehen, die die anderen motivieren und zu Höchstleistungen anspornen. Dabei sind Erfolge meist die Leistung eines Teams und nicht eines Einzelnen.

Einer mag überwältigt werden,
aber zwei können widerstehen,
und eine dreifache Schnur
reißt nicht leicht entzwei.

Prediger 4,12

Den Samen teilen

Ein erfolgreicher Bauer, der für seine Erzeugnisse oft prämiert wurde, verwunderte immer wieder die anderen Bauern. Er teilte seine besten Samen mit seinen Nachbarn.

Anfangs nahmen sie die Samen dankend entgegen, doch dann fragten sie ihn doch nach dem Grund für seine Großzügigkeit.

Der Bauer antwortete ihnen: „Nun, ich habe auch ein Interesse daran, dass ihr die besten Samen benutzt. Denn der Wind trägt die Pollen der anderen Felder auf meine. Wenn ihr anderen einen weniger guten Samen benutzt, schadet das der Qualität meiner Ernte. Deshalb liegt mir daran, dass wir alle nur den besten Samen aussäen."

Das Wohl der Gemeinschaft ist das Wohl des Einzelnen. Jeder kann etwas dazu beitragen, dass sich die Situation für alle verbessert – und daraus wiederum das eigene Leben aufwerten.

**Und lasst uns aufeinander achthaben
und einander anspornen zur Liebe
und zu guten Werken und
nicht verlassen unsre Versammlung,
wie einige zu tun pflegen,
sondern einander ermahnen,
und das umso mehr, als ihr seht,
dass sich der Tag naht.**

Hebräer 10,24.25

Älter werden ist Pflicht

Ich studierte an einer US-amerikanischen Hochschule. An meinem ersten Tag forderte der Professor uns dazu auf, mit den Mitstudenten zu reden, die wir noch nicht kannten. Als ich mich umsah, tippte mir jemand auf die Schulter. Ich drehte mich um und sah eine alte Frau, die mich fröhlich anlächelte.

„Hallo Hübscher, ich bin Rose und 87 Jahre alt. Darf ich dich umarmen?"

Ich musste lachen und erlaubte es ihr. Sie drückte mich fest an sich.

„Warum studieren Sie in Ihrem jugendlichen Alter?", fragte ich sie augenzwinkernd.

Sie scherzte weiter: „Ich bin hier, um einen reichen Mann zu finden, zu heiraten und viele Kinder zu bekommen."

„Nein, im Ernst", meinte ich. Ich wollte gern wissen, warum sie in ihrem Alter noch die Strapazen auf sich nahm.

Sie erzählte mir, dass sie schon immer davon geträumt hatte, zur Uni zu gehen und sie sich nun diesen Wunsch erfüllte.

Wir sahen uns jede Woche, gingen zusammen einen Kaffee trinken und wurden über die Zeit gute Freunde. Ich freute mich, dass sie ihre Erfahrungen und ihre Weisheit mit mir teilte. Nicht nur mir ging es so: Rose wurde zu einer echten Ikone auf dem Campus. Sie fand viele Freunde, sie zog sich gern schick an und genoss die Aufmerksamkeit. Rose blühte richtig auf.

Am Ende des Semesters sollte Rose eine Rede bei einem offiziellen Dinner der Hochschule halten. Als sie sich am Rednerpult bereit machte, fielen ihr alle Notizkarten aus der Hand, auf der sie ihre Rede geschrieben hatte. Peinlich berührt, sprach sie in das Mikrofon: „Es tut mir leid, dass ich so zittrig bin. Ich habe dem Bier abgeschworen, aber dieser Whisky hat es echt in sich. Meine Rede kriege ich nun nicht mehr zusammen, aber ich erzähle Ihnen allen nun, was ich weiß."

Wir lachten und hörten ihr gespannt zu, als sie fortfuhr: „Wir hören nicht auf zu spielen, nur weil wir alt werden – wir werden alt, weil wir aufhören zu spielen. Es gibt nur ein paar Geheimnisse, wie man sich jung hält, glücklich und erfolgreich ist. Du musst lachen und Humor haben. Du brauchst einen Traum, denn ohne Träume stirbst du. Es gibt so viele Menschen, die bereits aufgegeben haben – und es nicht mal wissen. Es gibt einen großen Unterschied zwischen älter werden und alt werden. Jeder kann älter werden, dafür braucht man kein Talent. Aber es geht darum, älter zu werden und dabei immer wieder die Chance zu ergreifen, etwas dazuzulernen und sich zu verändern.

Ich bereue nichts. Normalerweise bereuen ältere Menschen eher die Dinge, die sie nicht getan haben. Die einzigen Menschen, die sich vor dem Tod fürchten, sind solche, die etwas zu bereuen haben."

Eine Woche, nachdem Rose ihren Abschluss gemacht hatte, starb sie friedlich im Schlaf. Mehr als zweitausend Studenten kamen zu ihrer Beerdigung. Sie war uns allen ein gutes Vorbild und zeigte uns, dass es nie zu spät ist, um all seine Potentiale auszuschöpfen.

Denkt daran: Älter werden ist eine Pflicht, aber alt zu sein, kann viele Optionen umfassen.

Jetzt ist die Zeit, um das zu tun, was Sie schon immer tun wollten – um das zu lernen, was Sie schon immer lernen wollten.

**Aber der Tröster, der Heilige Geist,
den mein Vater senden wird
in meinem Namen,
der wird euch alles lehren
und euch an alles erinnern,
was ich euch gesagt habe.**

Johannes 14,26

Hase und Schildkröte – einmal anders

Das Wettrennen von Hase und Schildkröte ist eine berühmte Fabel von Aesop. Doch die folgende Version kennen nur wenige.

Eine Schildkröte und ein Hase wollten herausfinden, wer von ihnen der Schnellste sei. Deshalb wählten sie eine Route für ein Wettrennen und liefen los. Der Hase sprang schnell voraus. Als er sah, dass er fast am Ziel war und einen großen Vorsprung gewonnen hatte, legte er sich hin. Er wollte nur eine kurze Pause unter einem Baum machen, um wieder zu Kräften zu kommen, schlief dabei aber ein. Die Schildkröte, die mit langsamem, aber stetigem Tempo unterwegs war, überholte den schlafenden Hasen und erreichte als erste das Ziel.

Die Moral: Wer langsam aber beharrlich das Ziel verfolgt, siegt.

Aber hier ist die Geschichte noch nicht am Ende, denn der Hase war sehr enttäuscht von seiner Niederlage. Er dachte lange über das Rennen nach und erkannte, dass es ein schwerer Fehler gewesen war, die Schildkröte zu unterschätzen. Er hatte verloren, weil er zu selbstgefällig war.

Nun forderte er die Schildkröte zu einem weiteren Wettrennen heraus. Er sprang schnell und ohne Pause ins Ziel und gewann dadurch.

Die Moral: Wer schnell und hartnäckig ist, überwindet die beharrlich Trägen.

Aber die Erzählung endet hier noch nicht. Die Schildkröte dachte ebenfalls über das verlorene Wettrennen nach. Es war ihr klar, dass der Hase auf dieser Rennstrecke immer der Schnellere sein würde. Deshalb forderte sie ihn auf einer anderen Strecke heraus und der Hase nahm an.

Wie immer lief er schnell voraus, bis der Weg an einen großen Fluss kam. Der Hase konnte nicht schwimmen und musste deshalb zusehen, wie die Schildkröte an ihm vorbeizog, den Fluss durchquerte und am anderen Ende das Ziel erreichte.

Die Moral: Wer seinen Wettbewerbsvorteil erkennt und die Situation dahin gehend verändert, macht das Rennen.

Die Geschichte geht noch weiter: Als einige Zeit verging, wurden aus Hase und Schildkröte gute Freunde. Sie wurden sich einig, dass sie das Rennen ein letztes Mal wiederholen wollten – jedoch nicht als Konkurrenten, sondern als Team.

Auf dem ersten Abschnitt trug der Hase die Schildkröte, bis sie am Fluss angekommen waren. Dann schwamm die Schildkröte durch das Wasser und zog den Hasen in einer Schale hinter sich her. Sie erreichten das Ziel in einer Rekordzeit und waren sehr zufrieden mit ihrer Leistung.

Die Moral: Es ist gut, individuelle Stärken zu haben, aber viel besser ist es, diese Fähigkeiten im Team einzusetzen, um gemeinsam Höchstleistungen zu erreichen, die ein Einzelner nicht zustande bringen kann.

Nach Jim Rohn

Hase und Schildkröte erkannten ihre Schwächen und Stärken und setzten diese richtig ein. Doch erst wenn wir aufhören, die anderen als Konkurrenten zu sehen, können wir gemeinsam die besten Ergebnisse erzielen. Wir alle haben noch viele Wettrennen vor uns, zusammen kommen wir ins Ziel.

Ein Geduldiger ist besser als ein Starker
und wer sich selbst beherrscht,
besser als einer, der Städte einnimmt.

Sprüche 16,32

Die Botschaft des Blinden

An jedem Tag saß ein blinder Bettler vor einer großen Kirche und hoffte, dass die Passanten ihm Geld in seinen alten Hut werfen würden. Um auf sich aufmerksam zu machen, stellte er immer ein Schild auf mit dem Text: „Bitte helfen Sie mir, ich bin blind."

Doch nur wenige Menschen beachteten den Blinden, kaum einer warf Geld in seinen Hut. Umso erstaunter war der Blinde, als ein Mann zu ihm trat, nicht nur Geld in den Hut fallen ließ, sondern sich auch sein Schild nahm. Der Blinde hörte, wie der Mann mit einem Stift etwas auf das Schild schrieb und es mit den Worten „So ist es besser" wieder hinstellte.

Der Blinde war noch verwunderter, als immer mehr Menschen kamen, um ihm Geld zu geben. Deshalb stellte er auch am nächsten Tag das Schild mit der neuen Aufschrift auf und wie am Vortag erhielt er viel mehr Aufmerksamkeit und Münzen.

Am Nachmittag trat der Mann zu ihm, der das Schild verändert hatte. Der Blinde fragte neugierig: „Was hast du geschrieben?"

„Ich habe in anderen Worten das geschrieben, was du auch geschrieben hast. Ich lese es dir vor. Auf deinem Schild steht: Heute ist ein wunderschöner Tag, aber ich kann ihn nicht sehen."

Die Worte, die wir wählen, beeinflussen die Botschaft, die wir übermitteln. Doch auch was uns begegnet, können wir aus einer optimistischen Perspektive betrachten. Wenn es regnet und wir allein zu Hause sind, müssen wir uns zum Beispiel nicht einsam und unglücklich fühlen – wir können sagen: Was für ein Glück, ich habe meine Ruhe, sitze im Trockenen und kann mich entspannen.

Darum lasst uns freimütig hinzutreten
zu dem Thron der Gnade,
auf dass wir Barmherzigkeit
empfangen und Gnade finden
und so Hilfe erfahren zur rechten Zeit.

Hebräer 4,16

Die moralische Autorität

Ein großes Zement-Unternehmen hatte einen strengen Chef, der klare Regeln für alle Mitarbeiter aufstellte. Die Fahrzeuge der Firma durften nur von 13 Uhr bis 13.30 Uhr betankt werden. Wer es in dieser Zeit nicht zum Tanken schaffte, sollte ohne Benzin bleiben. Ein Angestellter war dafür zuständig, darauf zu achten, dass diese Anordnung eingehalten wurde. Da die Mitarbeiter jedoch oft sehr beschäftigt waren, schafften es viele nicht zur vorgeschriebenen Uhrzeit und baten zu anderen Zeiten um Benzin.

Als der Chef davon hörte, schrieb er ein Memorandum an alle Mitarbeiter, um sie daran zu erinnern, dass sie seiner Anordnung ohne Beschwerden folgen sollten. Eine Woche später erkundigte sich der Chef bei dem Angestellten, der für die Einhaltung der Tankzeit zuständig war: „Wie läuft es, halten sich jetzt alle an die Regel?"

Der Mitarbeiter druckste herum: „Ja, eigentlich schon."

Der Chef wurde wütend: „Was heißt eigentlich? Wer hält sich immer noch nicht an die Regel, die unser Unternehmen besser machen soll und uns klare Strukturen bringt? Das ist absolut inakzeptabel, schicken Sie mir heute noch eine Liste mit allen Namen."

„Nun, das würde sich nicht lohnen", sagte der Angestellte kleinlaut. „Es ist nur ein Name."

„Na dann, raus damit", forderte der Chef.

Der Mitarbeiter traute sich nicht, seinem Chef in die Augen zu sehen, als er antwortete: „Sie sind es, Chef."

Wer Ordnung, Struktur und die Einhaltung von klaren Regeln fordert, muss sich auch selbst daran halten. Moralische Autorität besitzt nur, wer als gutes Beispiel vorangeht.

**Niemand verachte dich
wegen deiner Jugend,
du aber sei den Gläubigen ein Vorbild
im Wort, im Wandel, in der Liebe,
im Glauben, in der Reinheit!**

1. Timotheus 4,12

Ein Prinz und Tagträumer

Es war einmal ein Prinz, der am liebsten den ganzen Tag auf der Wiese lag und den Wolken am Himmel zusah. Die Wiese befand sich ein Stück abseits vom Schloss, doch hier gab es die schönsten und buntesten Blumen. Während er so dalag, träumte der Prinz von majestätischen Schlössern mit hohen Fenstern und vielen Zinnen.

Als sein Vater, der alte König, starb, wurde der Prinz sein Nachfolger. Als neuer König blickte er aus den hohen Fenstern seines majestätischen Schlosses mit den vielen Zinnen. Während er so über das Land schaute, träumte er von einer kleinen Wiese mit den schönsten und buntesten Blumen.

Nach Bertolt Brecht

Über all dem Jagen nach materiellem Reichtum vergessen wir oft, über die kleinen Wunder in der Natur zu staunen, die mit Geld nicht zu bezahlen sind.

Seht die Vögel unter dem Himmel an:
Sie säen nicht, sie ernten nicht,
sie sammeln nicht in die Scheunen;
und euer himmlischer Vater
ernährt sie doch. Seid ihr
denn nicht viel kostbarer als sie?

Matthäus 6,26

Eine schlaue Rechnung

Ein Junge saß am Küchentisch und schrieb fleißig auf seinen Block.

„Was schreibst du da?“, fragte ihn seine Mutter.

„Ich schreibe dir eine Rechnung“, antwortete er, ohne sich stören zu lassen. „Du wirst es gleich sehen.“

Der Junge schrieb noch eine Weile und zeigte die Rechnung dann seiner Mutter, die laut vorlas:

Rechnung für meine Mama:

Dreimal Müll rausbringen:	50 Cent
Brötchen beim Bäcker holen	80 Cent
Zweimal Geschirrspüler ausräumen	40 Cent
Samstags das Bad putzen	80 Cent
Katzenklo sauber machen	60 Cent
Ergibt:	3,10 Euro

Der Junge sagte: „Gibst du mir bitte das Geld? Ich habe es doch verdient!“

Die Mutter riss das Blatt vom Block und antwortete: „Zuerst will ich meine Rechnung aufschreiben." Der Junge rief verwundert: „Für mich? Was hast du denn für mich gemacht?" Sie notierte schweigend:

Rechnung für meinen Sohn:

Zwei Jahre zur Schule bringen	00 Cent
Acht Jahre für ihn gekocht	00 Cent
Acht Jahre für ihn gewaschen	00 Cent
Zweitausend Mal ihn gewaschen	00 Cent
Hundert Tage und Nächte Pflege, als er krank war	00 Cent
Ergibt:	0,00 Euro

Der Junge las die Rechnung seiner Mutter und wunderte sich: „Wieso hast du denn überall null Cent hingeschrieben?"

„Weil Eltern für ihre Kinder alles umsonst machen. Jetzt will ich dir aber dein Geld geben."

„Nein, nein", sagte der Kleine hastig. „Deine Rechnung müsste viel höher sein als meine. Das kann ich ja nicht aufholen."

Schnell zerriss er die Rechnung und umarmte seine Mutter.

Wir sollten manchmal über die Forderungen nachdenken, die wir an unsere Eltern stellen. Liebe lässt sich nicht mit Geld aufwiegen.

Ertragt einer den andern in Liebe.

Epheser 4,2

Papa, wie viel verdienst du?

Ein Junge kommt zu seinem Vater und fragt: „Papa, wie viel verdienst du eigentlich in der Stunde?“

Der Vater ist verwirrt: „Warum fragst du sowas?“

„Ich möchte es einfach nur wissen, bitte sag es mir!“, antwortete der Kleine.

„Wenn du es unbedingt erfahren willst: 50 Euro verdiene ich in der Stunde.“

Der Junge senkt enttäuscht den Kopf und überlegt. Schließlich fragt er: „Kannst du mir 25 Euro leihen?“

Das ärgert den Vater: „Deshalb hast du gefragt, was? Willst du das Geld für ein dämliches Spielzeug oder Computerkram? So nicht, ab in dein Zimmer, mein Freundchen. Denk mal darüber nach, wie egoistisch du bist, mein hart verdientes Geld für solchen Quatsch auszugeben! Und ich muss mir diese dreisten Fragen anhören.“

Stumm verlässt der Junge das Wohnzimmer.

Der Vater ärgert sich noch eine Weile, doch dann beginnt er nachzudenken. Vielleicht braucht sein Sohn das Geld doch für etwas Sinnvolles? Er geht zum Zimmer seines Kindes. Vorsichtig klopft er an die Tür.

„Schläfst du schon?"

„Nein, Papa, ich bin noch wach", antwortet das Kind. Der Vater betritt das Zimmer.

„Hör zu, Kleiner, ich habe etwas übertrieben reagiert, tut mir leid. Ich hatte einen anstrengenden Tag. Hier sind die 25 Euro, nach denen du gefragt hast."

„Oh, danke!", ruft das Kind erfreut und holt unter seinem Kissen weitere zerknitterte Geldscheine hervor.

Der Vater wird wieder ärgerlich: „Warum willst du Geld von mir, wenn du bereits so viel hast?"

Der Sohn sieht seinen Vater freudig an: „Weil ich nicht genug hatte. Hier sind nun 50 Euro. Darf ich mir davon jetzt eine Stunde deiner Zeit kaufen? Komm bitte morgen früher von der Arbeit nach Hause – ich möchte gern mit dir zu Abend essen!"

Der Vater setzt sich neben das Bett seines Sohnes und ist überwältigt. Damit hat er nicht gerechnet. Er schließt seinen Sohn in die Arme und bittet ihn um Verzeihung. Natürlich ist er am nächsten Tag eine Stunde früher von der Arbeit gekommen und am Tag darauf und ...

Unseren Kindern ist die Aufmerksamkeit alles wert – sie ist das beste Mittel gegen Einsamkeit, Unsicherheit und Angst.

Aber Jesus sprach:
Lasset die Kinder und
wehret ihnen nicht,
zu mir zu kommen;
denn solchen
gehört das Himmelreich.

Matthäus 19,14

Die Holzschale

Vor langer Zeit lebte ein sehr alter Mann. Sein Mund war bereits zahnlos. Seine Beine taten ihren Dienst nicht mehr, mit seinen Augen konnte er nur noch sehr wenig sehen und seine Ohren wollten kaum noch hören.

Wenn er etwas aß, floss dem Alten die Suppe meist wieder aus dem Mund. Deshalb durfte er nicht mehr mit seinem Sohn und seiner Schwiegertochter essen, in deren Haus er lebte. Sie stellten sein Essen hinter den Ofen, wo er in einer kleinen Ecke allein hockte.

Eines Abends ließ der alte Mann die volle Schale mit Suppe fallen, sodass sie zerbrach. Die Schwiegertochter wurde wütend: „Du machst uns das ganze Zuhause kaputt, zerschlägst unser Geschirr – ab jetzt bekommst du nur noch ein Holzschüsselchen."

Der Alte seufzte und schwieg.

Am nächsten Tag sahen Sohn und Schwiegertochter ihr kleines Söhnchen auf dem Boden spielen: Er baute etwas aus kleinen Brettern zusammen.

„Was machst du da?“, fragte der Sohn des Alten sein eigenes Kind.

„Das wird ein Holzschüsselchen. Daraus werde ich dir und Mutter zu essen geben, wenn ihr alt seid.“

Die Eltern sahen sich schuldbewusst an. Der alte Mann durfte wieder mit ihnen am Tisch essen und sie gaben sich viel Mühe, immer freundlich zu sein.

Was wird aus unseren Lieben, wenn sie alt sind? Begegnen wir ihnen so, wie wir im Alter selbst gern behandelt werden wollen? Viel zu oft wird vergessen, welche Rolle ältere Menschen in unserer Gesellschaft einst gespielt haben – und dass wir selbst einmal an ihrer Stelle sein werden.

Endlich aber seid allesamt gleich gesinnt, mitleidig, brüderlich, barmherzig, demütig.

1. Petrus 3,8

Der Verlobungsring

Ein junger Mann betrat das Geschäft eines Juweliers und fragte nach dessen schönsten Verlobungsring.

Der Juwelier holte einen Ring hervor mit einem funkelnden Stein, der wie eine helle Sonne leuchtete. Der Mann betrachtete den Ring zufrieden und war bereit, den hohen Preis zu zahlen.

„Heiraten Sie bald?“, fragte der neugierige Juwelier.

„Nein“, antwortete der junge Mann. „Ich habe nicht mal eine Freundin.“

Als der Juwelier ihn überrascht ansah, erklärte der andere: „Der Ring ist für meine Mutter. Als sie mit mir schwanger war, hatte sie große Probleme. Einige Leute rieten ihr, das Baby nicht zu bekommen. Aber sie hat sich geweigert und mir das Geschenk des Lebens gemacht. Sie hatte immer wieder mit Schwierigkeiten zu kämpfen, musste Vater und Mutter für mich sein, Bruder und Schwester und mein Lehrer. Deshalb bin ich der, der ich bin. Da sie nie einen Verlobungsring bekommen hat, will ich ihr nun einen schenken – und ihr damit das Versprechen geben, dass ich immer für sie da sein und alles für sie tun werde."

Der Juwelier fand keine Worte mehr, deshalb bat er seinen Kunden an die Kasse und gab ihm einen großen Rabatt auf diesen besonderen Ring.

Viele Kinder sehen nicht, welche großen und kleinen Opfer die Eltern für sie bringen. Sonst wären sie großzügiger und würden nicht so viele Ansprüche stellen.

Du sollst deinen Vater
und deine Mutter ehren,
auf dass du lange lebest
in dem Lande, das dir der Herr,
dein Gott, geben wird.

2. Mose 20,12

Eine Box voller Küsse

Am Samstagmorgen suchte ein Vater nach seiner Zeitung, denn er wollte sie gemütlich lesen, während er seinen Kaffee trank. Da entdeckte er seine kleine Tochter, die mit der Zeitung gerade eine Kiste beklebte. Der Vater ärgerte sich und schimpfte, weil er die Nachrichten nun nicht mehr lesen konnte.

Am Nachmittag schenkte seine Tochter ihm die Box. Der Vater schämte sich etwas. Als er die Kiste auspackte und hineinsah, kam der Ärger jedoch zurück. „Da ist ja gar nichts drin!"

Das Mädchen schaute ihn mit Tränen in den Augen an. „Doch, Papa! Ich habe so viele Küsse in die Box gepustet, bis sie ganz voll war."

Der Vater umarmte seine Kleine und bat sie, ihm zu verzeihen. Er war tief berührt.

Leider starb seine Tochter kurz drauf. Bis zu seinem eigenen Tod stand die Kiste mit den Küssen auf dem Nachttisch des Mannes. Wenn er Probleme hatte, traurig oder hoffnungslos war, öffnete er die Box und holte sich einen Kuss heraus. Die Liebe seiner

Tochter gab ihm bis zu seinem eigenen Lebensende Kraft.

Die schönsten Gefühle sind für unser Auge unsichtbar – die Manifestationen der Zuneigung sind ein unbezahlbares Geschenk. Doch messen lässt sich die Liebe nie.

Ihr Lieben, lasst uns
einander lieb haben;
denn die Liebe ist von Gott,
und wer liebt, der ist aus Gott geboren
und kennt Gott.

1. Johannes 4,7

Tausend Murmeln

An einem Sonntag saß ein Mann mit seinem alten Vater zusammen. „Schade, dass du die Ballett-Aufführung deiner Tochter verpasst hast – du arbeitest einfach zu viel."

Als der Sohn etwas entgegnen wollte, unterbrach ihn der Alte: „Ich erzähle dir jetzt etwas von den tausend Murmeln, hör mir kurz zu. Ich habe mal ein bisschen gerechnet: Im Durchschnitt lebt ein Mensch etwa 75 Jahre, manche etwas länger, andere kürzer, aber nehmen wir mal diesen Schnitt. Pro Jahr gibt es 52 Wochen, insgesamt sind es also 3.900 Sonntage wie heute, die jeder von uns erlebt. Erst als ich 55 geworden bin, wurde mir bewusst, dass ich etwas ändern muss: Ich hatte bereits über 2.800 Sonntage hinter mir, nur noch tausend Sonntage vor mir, die ich genießen wollte. Deshalb ging ich in einen Spielzeugladen und kaufte mir tausend Murmeln. Die habe ich in ein großes Glas geschüttet, das nun neben meiner Werkbank in der Garage steht. An jedem Sonntag nehme ich eine Murmel aus dem Glas und werfe sie weg. So mache ich mir einmal pro Woche bewusst, dass es immer weniger Sonntage sind, das Glas wird immer leerer, die Zeit immer kostbarer. Ich habe dadurch gelernt, mich auf die wichtigen Dinge im Leben zu konzentrieren. Und mein Sohn, heute früh habe ich die letzte Murmel aus dem Glas genommen. Wenn ich es bis zum nächsten Sonntag schaffe, habe ich ein Geschenk, die Zeit ist das Kostbarste, was wir bekommen können."

Am nächsten Morgen ging der Sohn in einen Spielzeugladen und kaufte tausend Murmeln. Er machte an jedem Tag pünktlich Feierabend und unternahm an jedem Sonntag etwas Besonderes mit seiner Familie – natürlich nachdem er eine Murmel aus dem Glas genommen hatte.

Nach Jeffrey Davis

Obwohl sich viele Mühe geben, ihr wahres Alter zu verbergen, hat der Tag doch für jeden von uns nur 24 Stunden. Das Zeit-Konto lässt sich nicht wieder auffüllen – wir sollten deshalb besonders sorgsam mit unserer Lebenszeit umgehen.

Ein fröhliches Herz
tut dem Leibe wohl;
aber ein betrübtes Gemüt
lässt das Gebein verdorren.

Sprüche 17,22

Der wahre Schatz

Die fünfjährige Annika war mit ihrer Mutter in der Stadt unterwegs. In einem Geschäft entdeckte sie eine Perlenkette aus Plastik, die ein paar Euro kostete. Annika fragte ihre Mutter, ob sie die Kette haben dürfte. Die Mutter erlaubte es, wenn die Tochter ihr zu Hause das Geld dafür aus ihrem Sparschwein geben würde. So machten sie es und Annika trug ihre Perlenkette nun an jedem Tag – nur nicht unter der Dusche, da ihre Mutter meinte, die Kette würde sonst kaputtgehen.

Eines Abends saß Annika mit ihrem Vater zusammen und ließ sich etwas vorlesen. Da fragte ihr Papa: „Hast du mich lieb?"

„Natürlich, Papa!", antwortete die Kleine.

„Dann gib mir deine Perlenkette!", sagte der Vater.

Entsetzt weigerte sich Annika. „Das ist meine Lieblingskette, die kannst du nicht haben. Aber ich gebe dir meine Lieblingspuppe oder mein neues Kleid."

„Nein, nein", sagte der Vater. „Ist schon okay." Er küsste sein Kind und legte es schlafen.

Eine Woche später probierte er es erneut: „Annika, hast du mich denn lieb?"

„Das weißt du doch", meinte das Kind. „Ich hab dich sehr lieb, Papa."

„Dann schenk mir deine Perlenkette."

„Meinen Teddybär, meine Bücher, meine Spiele kannst du haben – aber doch nicht meine liebste Perlenkette!", erwiderte das Mädchen.

„Ist in Ordnung, schlaf jetzt, Annika." Der Vater küsste seine Tochter auf die Stirn und ging aus ihrem Zimmer.

Ein paar Tage später hatte Annika es sich überlegt. Als ihr Vater für eine Gute-Nacht-Geschichte in ihr Zimmer kam, saß sie auf dem Bett und hielt ihm die Perlenkette entgegen.

„Hier, Papa", sagte sie zitternd, denn es fiel ihr nicht leicht, ihr liebstes Stück aus der Hand zu geben.

Aus seiner Tasche holte der Vater ein rotes Döschen. Als er es öffnete, lag darin eine echte Perlenkette, die er Annika schenkte. „Ich habe die ganze Zeit darauf gewartet, dass du die billige Kette aufgibst, damit ich dir eine echte geben kann – und so ist es auch mit Gott: Er wartet darauf, dass wir die billigen Dinge aufgeben, damit er uns einen wunderbaren Schatz schenken kann."

Viele Menschen halten an materiellen Dingen fest und vergessen darüber, was wirklich zählt. Die Angst, loszulassen, ist oft groß – obwohl Gott viel zu geben hat, wenn wir uns nur von den vielen unbedeutenden Dingen in unserem Leben trennen würden.

Und er sprach zu ihnen:
Seht zu und hütet euch
vor aller Habgier;
denn niemand lebt davon,
dass er viele Güter hat.

Lukas 12,15

Die vier Kerzen

Am vierten Advent unterhielten sich die vier brennenden Kerzen auf dem Adventskranz.

Die erste meinte: „Mein Name ist Frieden. Obwohl ich hell leuchte, wollen die Menschen keinen Frieden halten.“ Langsam wurde das Feuer der Kerze kleiner und erlosch.

„Ich bin der Glaube“, sagte die nächste Kerze. „Die Menschen wollen aber nichts mehr wissen von Gott, deshalb brauchen sie mich nicht mehr.“ Mit diesen Worten verlosch auch das Licht dieser Kerze.

Auch das dritte Licht wurde bereits kleiner. „Ich heiße Liebe, aber keiner nimmt mich ernst. Die Menschen haben sich nicht mehr lieb, sie denken nur noch an sich selbst.“ Mit einem letzten Flackern ging auch diese Kerze aus.

In diesem Moment lief ein Kind herbei und stutzte: „Ihr sollt doch alle brennen!“ Es war so traurig, dass ihm die Tränen über die roten Backen liefen.

Da sprach die vierte Kerze: „Du musst nicht weinen, schau, ich brenne noch. Ich bin die Hoffnung und durch mich kannst du alle anderen Kerzen wieder entfachen."

Das Kind nahm das vierte Licht und zündete damit die anderen drei Kerzen wieder an.

Nicht nur Kinder brauchen Hoffnung, um mit ihr Glauben, Frieden und Liebe zu entfachen. Deshalb mögen uns das Vertrauen und die Kraft der Hoffnung niemals ausgehen.

Hoffnung aber
lässt nicht zuschanden werden;
denn die Liebe Gottes
ist ausgegossen in unsre Herzen
durch den Heiligen Geist,
der uns gegeben ist.

Römer 5,5

Brief einer alten Frau

Mein liebes Kind,

ich werde alt, deshalb bitte ich dich, hab Geduld mit mir. Bitte nimm dir etwas Zeit, um meine Situation zu verstehen. Wahrscheinlich werde ich dir oft die gleichen Dinge wieder und wieder erzählen. Bitte werde dann nicht ungeduldig, bitte unterbrich mich nicht. Denk an die Zeit, als ich dir die gleiche Gute-Nacht-Geschichte immer und immer wieder vorgelesen habe.

Wenn ich nicht gewaschen werden will, sei nicht ärgerlich. Vielleicht erinnerst du dich noch daran, wie ich dich als Kind durch die ganze Wohnung gejagt habe, weil du nicht baden wolltest.

Ich weiß, dass ich mich schwertue, neue Dinge zu verstehen – bitte zeig mir in Ruhe, wie die ganze neue Technik funktioniert. Schließlich habe ich dir mit all meiner Geduld beigebracht, mit Besteck zu essen, dir die Haare zu kämmen und über deinen ersten Liebeskummer hinwegzukommen.

Manches, was ich sage und tue, wird dir seltsam oder überflüssig vorkommen – bitte reagiere nicht arrogant, werde nicht hektisch. Es geht mir doch darum, Zeit mit dir zu verbringen.

Wenn meine alten Glieder mir nicht mehr gehorchen, reiche mir deine Hand – so wie ich deine kleine Hand gehalten habe, als du das Laufen gelernt hast. Sei nicht traurig, dass ich älter werde und mehr Hilfe brauche. Sei bei mir und habe Verständnis, während ich meine letzten Schritte mache. Darum bitte ich dich.

Mein Kind, ich liebe dich sehr und ich bin dankbar für jeden Tag, den wir zusammen hatten – und das sage ich mit einem großen Lächeln und absoluter Zufriedenheit.

Nach Guillermo Peña

Vieles nehmen wir als selbstverständlich hin, was uns Gutes widerfährt. Wir sollten unseren Eltern viel mehr Danke sagen für alles, was sie für uns tun oder getan haben – solange wir noch die Gelegenheit dazu haben.

Der Gott aber der Geduld
und des Trostes gebe euch,
dass ihr einträchtig gesinnt seid
untereinander, wie es
Christus Jesus entspricht.

Römer 15,5

Die große Liebe

Nach 21 Jahren Ehe wollte meine Frau, dass ich eine andere Frau zum Abendessen ausführe und danach mit ihr ins Kino gehe. Sie sagte: „Ich liebe dich, aber ich weiß, dass diese andere Frau dich auch liebt und gerne mehr Zeit mit dir verbringen möchte."

Diese andere Frau, von der meine Ehefrau sprach, war meine Mutter. Sie war zu diesem Zeitpunkt seit 19 Jahren verwitwet. Aber wegen meiner Arbeit und meiner eigenen Familie hatte ich sie nur unregelmäßig gesehen.

Also rief ich meine Mutter an diesem Abend an, um mich mit ihr zu verabreden. „Was ist los, geht es dir gut?", fragte sie mich, denn sie dachte, dass ein Anruf zu so später Stunde nur etwas Schlechtes bedeuten könnte.

Ich antwortete ihr: „Ich möchte gern etwas Zeit mit dir verbringen, nur wir beide."

Sie dachte kurz nach und sagte schließlich: „Das wäre sehr schön."

Als ich meine Mutter am Freitagabend abholte, war ich irgendwie nervös. Als ich meine Mutter vom Haus zum Auto geleitete, merkte ich, dass sie auch nervös war. Sie war extra beim Friseur gewesen und trug ein Kleid, das ich zuletzt an ihrem 60. Geburtstag an ihr gesehen hatte.

Im Auto lächelte sie mich glücklich an: „Meine Freundinnen sind ganz beeindruckt, dass du mich heute ausführst. Sie sind schon sehr gespannt darauf, alle Details zu hören."

Wir gingen in ein nettes Restaurant, nicht zu schick, aber sehr gemütlich. Ich las ihr die Speisekarte vor, da sie nur noch Großdruck erkennen kann. Sie musste lachen: „Früher habe ich dir das Menü vorgelesen."

„Nun, dann ist es an der Zeit, dass ich dir nun diesen Gefallen tue", sagte ich.

Wir unterhielten uns sehr angeregt während des Essens, es gab viel, über das wir uns auszutauschen hatten. Wir redeten so viel, dass wir den Kinofilm verpassten.

Als wir uns vor ihrem Haus verabschiedeten, meinte meine Mutter: „Du darfst mich wieder ausführen, aber diesmal übernehme ich die Rechnung."

Gern nahm ich diese Einladung an. Meiner Frau erzählte ich zu Hause, dass der Abend sogar noch schöner gewesen war, als ich es mir vorgestellt hatte.

Leider starb meine Mutter nur ein paar Tage später, weil sie einen heftigen Schlaganfall hatte. Es geschah so plötzlich und ich konnte nichts mehr für sie tun.

Wir waren geschockt und erstaunt, als wir in ihrer Wohnung einen Umschlag unter ihren Sachen fanden, auf dem mein Name stand. Es war ein Gutschein für ein 3-Gänge-Menü für zwei, in dem Restaurant, in das ich sie ausgeführt hatte. Im Umschlag lag auch ein Brief, in dem meine Mutter geschrieben hatte: „Ich habe im Voraus bezahlt, weil ich mir nicht sicher war, ob ich es schaffe. Gehe mit deiner Frau und habt einen schönen Abend. Ich will nur, dass du weißt, was unser Treffen für mich bedeutet hat. Ich liebe dich sehr, mein Sohn."

Meine Mutter und meine Frau haben mir gezeigt, wie wichtig es ist, Zeit mit unseren Lieben zu verbringen – denn wir wissen nie, wie viel uns davon noch bleibt.

Zeit ist Leben und die Zeit mit anderen zu teilen, ist ein Zeichen unserer Liebe. Verschieben Sie Treffen nicht immer wieder, weil Ihnen scheinbar Wichtigeres dazwischen kommt.

Wer Barmherzigkeit
seinem Nächsten verweigert,
der gibt die Furcht
vor dem Allmächtigen auf.

Hiob 6,14

Der kleine Feuerwehrmann

Eine 26-jährige Mutter wollte unbedingt, dass sich die Träume ihres kleines Sohnes Billy erfüllen – wie alle Eltern es sich wünschen. Sie wollte es, auch wenn er an Leukämie erkrankt war und bald sterben würde. Deshalb fragte sie ihren Sohn: „Billy, hast du dir schon mal überlegt, was du werden willst, wenn du erwachsen bist? Wovon träumst du?"

„Mama, ich wollte schon immer Feuerwehrmann werden!"

Seine Mutter lächelte und sagte: „Lass uns mal sehen, ob wir diesen Wunsch erfüllen können."

Später ging sie zur Feuerwehr in ihrem Heimatort in Phoenix, Arizona. Dort traf sie auf den Feuerwehrmann Bob, der ein großes Herz hatte. Sie erzählte ihm vom letzten großen Wunsch ihres Sohnes und fragte, ob ihr sechs Jahre alter Sohn eine Rundfahrt im Feuerwehrwagen machen dürfte.

Bob antwortete: „Wir können sogar noch mehr machen. Wenn Ihr Sohn am Mittwoch um sieben Uhr bereit sein kann, machen wir ihn für diesen Tag zum Ehrenmitglied der Feuerwehr. Er kann mit uns zur Feuerwache kommen, mit uns essen und losfahren, wenn es einen Einsatz gibt – das ganze Programm eben. Und wenn Sie uns seine Kleidergröße sagen, kann er auch eine Uniform bekommen mit einem echten Feuerwehrhelm und Gummistiefeln. Sie werden hier in Phoenix angefertigt, deshalb können wir sie schnell ordern."

Drei Tage später holte Feuerwehrmann Bob den kleinen Billy ab, zog ihm die Feuerwehr-Uniform an und brachte ihn von seinem Krankenbett zum wartenden Feuerwehrfahrzeug auf der Straße. Dort durfte er sitzen und bis zur Feuerwehr-Station mitfahren. Sein Wunsch ging in Erfüllung, er war selig. An diesem Tag kamen drei Notrufe an, bei jedem Einsatz durfte Billy dabei sein. Er wurde dabei auch vom lokalen Fernsehsender gefilmt.

Durch die Aufmerksamkeit und Liebe, die ihm entgegengebracht wurden, lebte Billy noch drei Monate länger, als die Ärzte prognostiziert hatten.

In der Nacht, als sich seine Werte dramatisch verschlechterten, informierte die Oberschwester seine Familie. Sie rief jedoch auch bei der Feuerwehr an, um zu fragen, ob ein Feuerwehrmann in Uniform zu Billy kommen könnte, um ihn ebenfalls beim Sterben zu begleiten.

„Wir können noch mehr tun“, antwortete der Feuerwehrmann. „Wir können in fünf Minuten da sein. Können Sie mir nur einen Gefallen tun? Wenn wir mit Blaulicht und Sirene anrücken, sagen Sie allen, dass es sich nicht um einen Einsatz handelt, sondern dass wir einem unserer besten Männer die Ehre erweisen wollen. Dann öffnen Sie bitte das Fenster zu seinem Zimmer.“

Wenige Minuten später kamen 16 Feuerwehrmänner über eine Drehleiter von unten in Billys Krankenzimmer geklettert. Mit der Erlaubnis seiner Mutter umarmten sie den sterbenden Jungen und sagten ihm, wie gern sie ihn hätten. Mit letzter Kraft fragte Billy die Feuerwehrmänner: „Bin ich jetzt ein echter Feuerwehrmann?“

„Das bist du, Billy“, war die Antwort.

Billy lächelte und schloss für immer die Augen.

Können wir unsere Träume verwirklichen? Können wir ein Teil der Träume unserer Kinder sein? Könnte es sein, dass unsere Träume uns am Leben erhalten?

Der Herr aber, der
selber vor euch hergeht,
der wird mit dir sein
und wird die Hand nicht abtun
und dich nicht verlassen.
Fürchte dich nicht
und erschrick nicht!

5. Mose 31,8

Für meinen Bruder

Es waren einmal zwei Brüder, die zusammen arbeiteten, das Feld zusammen pflügten und zusammen die Samen ausstreuten. Der Ältere von ihnen war unverheiratet und lebte ganz allein. Der jüngere Bruder hatte eine Frau und Kinder.

Zur Erntezeit brachten sie das Getreide ein und teilten die Ernte in zwei gleich große Stöße.

In der Nacht konnte der ältere Bruder nicht schlafen. Er musste an seinen jüngeren Bruder denken.

„Er hat doch Familie“, dachte er. „Und ich bin ganz allein und brauche doch gar nicht so viel von der Ernte.“

Deshalb erhob er sich und ging zu seinem Stoß. Er nahm einige der Garben und schichtete sie auf den Haufen seines Bruders. Dann legte er sich wieder hin und schlief zufrieden ein.

Doch auch der Jüngere fand in dieser Nacht keine Ruhe. „Mein Bruder ist ganz allein und hat keine Nachkommen – wer soll später für ihn sorgen?“

Deshalb ging auch er zu den Stößen und legte einen Teil seiner Ernte zu seinem älteren Bruder.

Am nächsten Tag wunderten sich beide, dass die Garbenstöße wie am Abend zuvor genau gleich waren. Aber sie sprachen nicht darüber. Beide nahmen sich vor, ihre Tat in der kommenden Nacht zu wiederholen.

Doch als es dunkel geworden war, begegneten sich die beiden – jeder einen Teil seiner Ernte tragend. Als sie verstanden, das jeder dem anderen etwas Gutes tun wollte, umarmten sie sich und dankten einander.

Wenn wir mit anderen teilen, bekommen wir manchmal mehr zurück, als wir gegeben haben.

Irret euch nicht!
Gott lässt sich nicht spotten.
Denn was der Mensch sät,
das wird er ernten.

Galater 6,7

Eine Lektion in Diplomatie

Während eines offiziellen Dinners für Würdenträger des Commonwealth kam der Zeremonienmeister auf Winston Churchill zu. Er informierte ihn darüber, dass ein Gast, eine hoch betagte Dame, einen silbernen Salzstreuer in ihre Tasche gesteckt habe. Anstatt sie vor allen anderen Gästen bloßzustellen, ging Churchill mit der Frau in einen anderen Raum außer Hörweite. Aus seiner Jacke holte er den passenden silbernen Pfefferstreuer und sagte zu der Frau mit einer schuldbewussten Stimme: „Wir wurden entdeckt – es wäre besser, wenn wir beide zurückstellen."

Manches Ärgernis lässt sich am besten in einem ruhigen Gespräch unter vier Augen und manchmal auch mit Humor klären.

Die Frucht der Gerechtigkeit aber wird gesät in Frieden für die, die Frieden stiften.

Jakobus 3,18

Das Ding im Kartoffelfeld

Ein alter Araber lebte seit Jahrzehnten in den USA. Vor seinem Haus hatte er ein kleines Feld. Dort wollte er gern Kartoffeln pflanzen. Aber er war zu alt und zu schwach dafür. Da er allein lebte, schrieb er seinem Sohn eine E-Mail. Dieser studierte in Paris.

„Mein lieber Achmed, ich würde so gern auf meinem kleinen Feld Kartoffeln pflanzen. Wärst du nur hier, um mir das Feld umzugraben! Ich könnte deine Hilfe gut gebrauchen. Dein Vater."

Die Antwort von seinem Sohn aus Paris kam schnell. Er schrieb in seiner E-Mail: „Lieber Vater, bitte lass das Feld in Ruhe. Grabe dort auf keinen Fall, denn ich habe dort ‚das Ding' versteckt. Dein Sohn Achmed."

Mitten in der Nacht wurde der alte Mann aus dem Schlaf gerissen. Durch sein Fenster beobachtete er, wie die US-Armee, die Marines, das FBI, die CIA und eine Eliteeinheit der Rangers auf seinem Feld zugange waren. Meter für Meter durchsuchten sie die Erde – fanden jedoch nichts. Deshalb zogen sie am Morgen wieder ab.

Wenig später kam die nächste Mail von Achmed aus Frankreich: „Lieber Vater, nun ist dein Feld bestimmt schon umgegraben und du kannst deine Kartoffeln pflanzen. Mehr kann ich aus der Ferne nicht für dich tun. In Liebe, Achmed."

Manchmal erfahren wir Hilfe von Menschen, von denen wir es gar nicht erwartet hätten.

Hier ist nicht Jude noch Grieche,
hier ist nicht Sklave noch Freier,
hier ist nicht Mann noch Frau;
denn ihr seid allesamt einer
in Christus Jesus.

Galater 3,28

Der treue Hund

In Frankreich soll einst ein Windhund mit dem Namen Guinefort gelebt haben, der heute als Heiliger verehrt wird.

Er gehörte einem Edelmann, der nördlich von Lyon lebte. Eines Tages ließ er sein kleines Baby mit dem Hund allein im Schloss zurück.

Als er zurückkehrte, war das Zimmer des Sohnes verwüstet, die Wiege umgestoßen und die Schnauze des Hundes blutverschmiert.

Der Edelmann tötete den Hund mit dem Schwert, denn er glaubte, der habe das Kind zerfleischt. Doch da hörte er die Schreie des Babys, das unter der Wiege lag – daneben eine tot gebissene Schlange.

Der Edelmann beerdigte den treuen Hund und bereute sein Verhalten zutiefst. Am Grab des Hundes sollen sich Wunder ereignet haben, als das Schloss längst verfallen war.

Haben Sie jemals eine Situation oder einen Menschen voreilig beurteilt, ohne alle Fakten zu kennen? Viele Ungerechtigkeiten werden begangen, weil Menschen vorschnell handeln, ohne nachzudenken.

Und wenn wir wissen,
dass er uns hört,
worum wir auch bitten,
so wissen wir,
dass wir erhalten,
was wir von ihm erbeten haben.

1. Johannes 5,15

Die letzte Umarmung

Ein Taxifahrer wurde zu einer abgelegenen Adresse bestellt. Als er ankam, hupte er, da kein Fahrgast vor der Tür wartete. Doch es erschien niemand. Der Taxifahrer hupte erneut. Dann stieg er aus, um an der Tür zu klingeln. Es sollte die letzte Fahrt für diesen Abend sein und er war extra den weiten Weg rausgefahren bis hierher. Er klingelte erneut und hörte darauf eine zittrige Stimme aus dem Haus: „Ich bin gleich da, bitte warten Sie noch."

Es verging eine kleine Ewigkeit, bis die Tür geöffnet wurde. Eine alte, gebrechliche Frau stand vor dem Taxifahrer. Sie trug ein altmodisches Kleid und einen Hut mit Schleier. Sie hatte einen kleinen Koffer dabei. Hinter ihr sah der Taxifahrer, dass alle Möbel im Haus mit Laken abgedeckt waren. Im Flur standen Kisten, aus denen Fotoalben, Bilderrahmen und allerlei Kleinkram herausschaute.

„Können Sie bitte meinen Koffer zum Auto tragen?", fragte ihn die alte Dame. Der Taxifahrer packte ihn in den Kofferraum und geleitete sie zu seinem Wagen und half ihr beim Einsteigen.

„Vielen Dank für Ihre Hilfe“, sagte sie.

Der Taxifahrer entgegnete, dass er seine Fahrgäste immer so gut behandeln würde, als wären sie aus seiner Familie.

Die alte Frau nannte ihm eine Adresse, wollte auf dem Weg dorthin jedoch gern durch die Innenstadt fahren – obwohl das einen großen Umweg und höhere Fahrtkosten bedeutete.

„Es eilt nicht, ich bin auf dem Weg zu einem Hospiz.“

Dem Fahrer war es etwas unangenehm, er betrachtete die Frau im Rückspiegel, die ihm erklärte: „Die Ärzte meinen, ich werde nicht mehr lange leben. Familie hinterlasse ich keine.“

Der Taxifahrer schaltete das Taxameter aus und nahm sich einige Stunden Zeit, um mit der alten Dame durch die Stadt zu fahren. Sie zeigte ihm alle Orte, die ihr in der Vergangenheit etwas bedeutet hatten. Die Kirche, in der sie und ihr bereits verstorbener Mann geheiratet hatten, das Gebäude, in dem sich früher ihr Lieblingsrestaurant befunden hatte und das Geschäft, in dem sie viele Jahre als Verkäuferin gearbeitet hatte. Manchmal schwieg die Frau auch und schien einfach nur in ihren Erinnerungen zu schwelgen. Langsam dämmerte es, der Taxifahrer konnte kaum glauben, dass sie die ganze Nacht unterwegs gewesen waren.

„Bitte bringen Sie mich nun zum Hospiz, ich bin müde“, erklärte sie ihm.

Am Hospiz angekommen, kamen bereits zwei Pfleger auf das Taxi zugelaufen und setzten die alte Frau schnell in einen Rollstuhl. Der Taxifahrer trug ihren Koffer hinterher.

„Was schulde ich Ihnen?“, fragte sie. Doch der Taxifahrer wollte von Bezahlung nichts wissen. Ohne zu überlegen, umarmte er die Frau.

„Sie haben mir heute Nacht eine große Freude bereitet“, erwiderte sie mit Tränen in den Augen. „Ich danke Ihnen.“

Ein letztes Mal drückte der Taxifahrer ihre Hand, bevor sich die Türen des Hospiz-Gebäudes schlossen.

Den nächsten Tag nahm er sich frei und dachte über das nach, was er erlebt hatte. Was wäre gewesen, wenn ein schlecht gelaunter Kollege diese Fahrt übernommen hätte? Was hätte die alte Dame getan, wenn er nach dem ersten Hupen weggefahren wäre? Was, wenn er darauf bestanden hätte, sie auf dem schnellsten Weg zum Hospiz zu bringen? Der Taxifahrer war sich sicher, dass diese Nacht eines der wichtigsten Erlebnisse seines Lebens bedeutete. Er nahm sich fest vor, diese Gesten des Lebens künftig ernster zu nehmen, geduldiger und aufmerksamer zu sein.

Im Umgang mit alten Menschen vergessen viele, dass es nicht selbstverständlich ist, dass wir überhaupt ein hohes Alter erreichen. Jeder von uns ist in alltäglichen Situationen auf das Wohlwollen von Fremden angewiesen, aber den Schwachen sollte vor allem unsere Aufmerksamkeit zukommen.

Auch bis in euer Alter bin ich derselbe, und ich will euch tragen, bis ihr grau werdet. Ich habe es getan; ich will heben und tragen und erretten.

Jesaja 46,4

Eine zweite Chance

Ein reicher Mann lebte mit seinem Sohn in einer prächtigen Villa voller Reichtümer. Sie hatten viele Angestellte, mit denen der Mann gut und freundlich umging. Der Sohn trug nichts zum Einkommen bei, er gab nur das Geld seines Vaters aus – trank und spielte. Andere junge Leute in der Stadt gaben sich als seine Freunde aus, damit er auch für sie bezahlte.

Als der Vater älter wurde, wurde er auch immer kränker. Er machte sich Sorgen um seinen Sohn und versuchte, ihn auf einen besseren Weg zu bringen. Doch sein Sohn stellte sich taub und blieb bei seinem schlechten Verhalten.

Eines Abends bat der Vater seinen Sohn um ein letztes Gespräch. Der junge Mann war betrunken, bekam aber noch mit, was sein Vater ihm sagen wollte. Der Vater bat seinen Sohn darum, sich an einem ganz bestimmten Balken im Keller aufzuhängen, wenn das Leid des Jungen zu groß geworden sei, um es zu ertragen. Der Sohn war etwas verwirrt, willigte jedoch ein.

Wenig später war der alte Mann tot. Der gesamte Besitz ging an seinen Sohn über, der sich nun noch öfter betrank und viel Geld für seine Spielsucht und falschen Freunde ausgab. Er kümmerte sich nicht um das Anwesen und sein Land, die Angestellten verließen ihn nach und nach, weil er vergaß, sie zu bezahlen.

Zu Silvester gab es eine große Feier in der Stadt. Der Mann ging zur Bank und wollte Geld abheben, aber er hatte so viele Schulden, dass er keines mehr bekam. Also ging er ohne Geld zum Fest, um sich mit seinen Freunden zu treffen. Doch die ließen ihn stehen, als sie merkten, dass er kein Geld mehr hatte. Der Mann lief von einem zum anderen, doch keiner war bereit, ihm etwas für Essen und Trinken auszulegen. Er setzte sich in eine Ecke und weinte. Da kam ein ehemaliger Angestellter seines Vaters vorbei und fragte, was los wäre. Er kaufte dem Verarmten Essen und Trinken und die beiden feierten zusammen.

Auf dem Weg nach Hause dachte der Mann nach und erkannte, was für ein Narr er gewesen war. Er hatte all das hart erarbeitete Geld seines Vaters verschwendet und sein Erbe verkommen lassen. Er erkannte, dass er sich nur mit falschen Freunden umgeben hatte. Mein Leid ist zu groß, um es zu ertragen, dachte der Sohn. Deshalb wollte er sich erhängen – an einem ganz bestimmten Balken im Keller, so wie er es seinem Vater versprochen hatte.

Doch als er das Seil um den Balken geschlungen und sich daran erhängen wollte, gab der Balken nach und riss ein Loch in die Decke. Der Mann landete auf dem Boden und entdeckte, dass er inmitten von Goldmünzen saß, die aus der Decke rieselten. Als er die Weisheit seines Vaters erkannte, schwor er sich, nun alles richtig zu machen.

Am nächsten Morgen machte er den ehemaligen Angestellten, der am Abend zuvor mit ihm gefeiert hatte, zu seinem Partner. Zusammen arbeiteten sie hart daran, das Erbe seines Vaters wiederherzustellen. Es gelang ihnen, dass die Geschäfte wieder liefen. Schnell stellten sich die alten falschen Freunde wieder ein – doch der Sohn schickte sie weg. Er wurde ein guter und weiser Mann und ein freundlicher Arbeitgeber wie sein Vater.

Wie würden wir unsere zweite Chance nutzen? Warum nehmen wir uns nicht gern ein Beispiel an unseren Vorfahren und denken, wir müssten nicht auf ihre Ratschläge hören?

Gott, sei mir gnädig nach deiner Güte,
und tilge meine Sünden
nach deiner großen Barmherzigkeit.
Wasche mich rein von meiner Missetat,
und reinige mich von meiner Sünde.

Psalm 51,3.4

Der frustrierte Noah

Gott war unzufrieden. Er betrachtete die Erde und sah Hass, Gewalt und Leid. Deshalb sprach er zu Noah: „Bau eine zweite Arche, denn ich werde eine zweite Sintflut schicken, denn ihr Menschen habt nichts dazugelernt. Mach es wie beim ersten Mal, nimm deine Familie mit und von jeder Tierart ein Männchen und ein Weibchen. Du hast sechs Monate Zeit."

Noah versprach alles zu tun, was Gott ihm aufgetragen hatte, aber innerlich war er tief verzweifelt. Der viele Regen, die langen Tage und Nächte auf dem Wasser. Die Sorge um die vielen Tiere und die Einsamkeit ... Noah seufzte. Als sechs Monate vergangen waren, zogen die dunklen Regenwolken auf, die ersten Tropfen fielen vom Himmel. Gott sah nach Noah, doch der saß weinend vor seinem Haus. Keine Arche weit und breit.

„Noah, was ist, warum hast du keine Arche gebaut?"

„Lieber Gott, was hast du mir für eine Aufgabe gestellt? Ich wollte tun, was du mir befohlen hast, deshalb habe ich eine Baugenehmigung beantragt. Doch die habe ich nicht bekommen, weil die Bauform so außergewöhnlich war. Keiner wollte glauben, dass ich ein Schiff baue – alle dachten, es sollte ein Stall werden. Außerdem weiß heute keiner mehr, was eine Elle ist. Ich habe deshalb einen Architekten beauftragt, aber der kam auch nicht weiter. Eine Werft im Neubaugebiet? Das ging nicht. Deshalb musste ich erst ein Grundstück am Hafen kaufen.

Aber damit war es noch nicht genug, denn ich habe nicht alle Sicherheitsmaßnahmen bedacht. Ich wusste nicht, dass das Schiff einen Löschwassertank benötigt. Als ich erklärt habe, dass es ja bald genug Regen geben wird, haben mich alle ausgelacht und dann ins Krankenhaus eingewiesen.

Als ich wieder zu Hause war, bekam ich einen Anruf von einem netten Herrn, der mich über EU-Fördergelder informieren wollte. Allerdings sollte ich den Antrag für Werftbeihilfe in drei Sprachen und vielfachen Ausführungen abliefern.

Inzwischen hat mich mein Nachbar verklagt, weil er denkt, ich will ihm mit einer neuen Zoohandlung Konkurrenz machen. Er hört gar nicht auf das, was ich ihm erkläre.

Wie beim ersten Mal wollte ich Zedernholz verwenden, aber libanesische Zedern dürfen nicht eingeführt werden. Aber das Holz aus den Wäldern darf ich auch nicht so ohne Weiteres verwenden. Ich habe gesagt, dass es ohnehin bald keine Wälder mehr geben wird, aber das hat mir einen zweiten Besuch im Krankenhaus eingebracht.

Weil die Zeit so knapp geworden ist, habe ich Zimmerleute eingestellt, die auch das Holz besorgen wollten. Allerdings haben sie als erstes einen Betriebsrat gegründet und mit mir über Tarifverträge verhandeln wollen. Wir wurden uns nicht einig, weil sie so viel verlangt haben. Jetzt sind sie im Streik.

Also wollte ich mich schon mal darum kümmern, die Tiere einzusammeln. Das lief erst einmal gut, bis der erste Tierschutzverein aufgekreuzt ist und sich über die Haltung beschwert hat. Mein Nachbar hat natürlich ordentlich mitgemischt, weil er immer noch denkt, ich will seiner Zoohandlung Konkurrenz machen. Nun muss ich mir um die Europäische Tierschutztransportverordnung Gedanken machen. Das Formular habe ich immer noch nicht fertig ausgefüllt. Außerdem ist das Timing schlecht, denn manche

Tiere darf ich in der Brunftzeit gar nicht transportieren – und andere sind inzwischen ausgestorben, deshalb muss ich eine ganz neue Artenliste erstellen. Ich muss daher nicht nur Rechtsanwälte, sondern auch Biologen zu Rate ziehen.

Gott, ohne deine Hilfe geht es einfach nicht, denn wenn wir auf dem Wasser sind, geht es mit den Problemen weiter. Ich darf die Tierexkremente gar nicht mehr ins Meer leiten. Wo soll ich damit denn hin?

Vor ein paar Tagen wollte die Marine Informationen, welche Gebiete überflutet werden. Da habe ich ihnen eine blau gemalte Weltkarte geschickt – ich hatte aber Angst, dass ich deshalb wieder ins Krankenhaus muss.

Am nächsten Tag erschien allerdings die Steuerfahndung, sie denken, ich will mich ins Ausland absetzen und Steuerflucht begehen." Noah fing wieder an zu weinen.

„Bitte, Gott, erlaube mir wenigstens, einen Rechtsanwalt mit an Bord zu nehmen!"

Da stoppte der Regen und die Wolken verzogen sich. Die Sonne schien wärmend auf Noahs Gesicht und er sah auf den herrlichsten Regenbogen am Himmel.

„Danke, Herr!“, stöhnte Noah erleichtert. „Du wirst die Welt doch nicht zerstören, oder?“

Gott antwortete: „Das erledigt bereits eure Verwaltung.“

Wann haben Sie sich zuletzt nach einem Regenschauer über die Farben des Regenbogens gefreut? Dieses Naturschauspiel ist ein unveränderliches Zeichen des Bundes zwischen Gott und uns Menschen – allen sich ändernden Gesetzen und Verordnungen zum Trotz.

Zur Freiheit hat uns
Christus befreit!
So steht nun fest und
lasst euch nicht wieder das
Joch der Knechtschaft auflegen!

Galater 5,1

Ein einzigartiger Vertrag

Liebe Bewohner,

hiermit möchte ich Sie alle darüber informieren, dass wir den Mietvertrag, der nun schon seit Billionen Jahren besteht, erneuern müssen. Vorher müssen wir jedoch einige Punkte klären.

1. Sie müssen die Energie-Rechnung bezahlen. Warum verbrauchen Sie so viel Wasser? Nun habe ich nur noch eine begrenzte Menge zur Verfügung. Wir müssen über die Verwendung sprechen.

2. Meine Felder sind so groß. Wie kommt es, dass einige von Ihnen übermäßig viel Essen haben und andere hungern müssen? Wenn Sie das Land pflegen und alles fair verteilen, gibt es ausreichend Nahrung für alle. Vergeuden Sie die Lebensmittel nicht, die andere dringend benötigen.

3. Die Bäume bieten Schatten, Luft und die richtige Balance für alle Bewohner. Es wird immer heißer. Deshalb müssen für die gerodeten Bäume neue gepflanzt werden.

4. Alle Lebewesen, Mikroorganismen und

Pflanzen müssen bewahrt werden. Aber einige Arten sind verschwunden. Haben Sie all die Tiere gefangen und ausgerottet?

5. Die Farbe des Himmels war einst blau. Warum sehe ich so oft giftige Dämpfe, Ruß und Asche, die alles grau werden lassen?

6. Apropos Müll und Schmutz. Warum werden die giftigen Abfälle, Batterien, radioaktives Material und vieles mehr nicht richtig entsorgt?

7. Meine eisigen Pole werden kleiner und schmelzen in die Meere. Was ist da passiert?

Es ist an der Zeit, darüber zu sprechen. Ich muss wissen, ob Sie auch weiterhin hier leben wollen. Wenn Ja, was kann getan werden, um unseren Vertrag zu erneuern? Ich habe Sie gern als meine Bewohner, aber wenn Sie sich nicht an unsere Abmachung halten, müssen Sie ein neues Heim finden. Glauben Sie, dass Sie Ihre zerstörerischen Gewohnheiten ändern können? Ich erwarte eine Antwort und Handlungen.

Ihr Zuhause: die Erde

Es ist gut, wenn wir uns immer wieder bewusst machen, wie einzigartig unser Lebensraum, unsere Erde, ist – und wie wichtig es ist, sie entsprechend zu behandeln.

Ach, Herr HERR, siehe,
du hast Himmel und Erde gemacht
durch deine große Kraft und
durch deinen ausgereckten Arm, und
es ist kein Ding vor dir unmöglich.

Jeremia 32,17

Zwei Lehren von Sokrates

Ein Mann kam mit seinem Sohn zu Sokrates. Er wollte, dass sich der Philosoph um die Erziehung des Jungen kümmere. Sokrates verlangte dafür 500 Drachmen.

„Das ist eine Menge Geld", protestierte der Mann, obwohl er sehr reich war. „Für so viel Geld kann ich mir einen ganzen Esel kaufen."

Sokrates sagte: „Dann geh und mach das – so sind es zwei Esel."

Als Sokrates im Gefängnis saß, hörte er einmal, wie in der Nachbarzelle ein schwieriges und kaum bekanntes Lied in einer fremden Sprache gesungen wurde. Sokrates bat den Gefangenen, ihm das Lied beizubringen.

„Wofür denn?", wollte der andere wissen.

„Damit ich noch etwas Neues lerne, bevor ich sterbe", antwortete Sokrates.

„Warum willst du etwas lernen, wenn du doch in einer Woche stirbst?"

„Aus dem gleichen Grund, warum ich in den letzten Jahrzehnten täglich etwas Neues lernen wollte“, konterte der Philosoph.

Haben Sie bereits gemerkt, dass es sich anders altert, wenn man neugierig bleibt und jeden Tag als Chance sieht, etwas Neues zu lernen? Es ist wichtig, das der Geist immer mehr wachsen kann – egal, wie viel Lebenszeit bereits vergangen ist. Außerdem sollten wir nie vergessen, wie wertvoll Wissen ist.

Lasst uns aber Gutes tun und nicht müde werden; denn zu seiner Zeit werden wir auch ernten, wenn wir nicht nachlassen.

Galater 6,9

Friedliche Kriegsführung

In China lebte einmal ein alter Kaiser. Es sprach sich herum, dass er das Land seiner Feinde einnehmen und sie alle vernichten wollte. Doch anstatt mit seiner Armee in den Krieg zu ziehen, lud er seine Feinde zum Essen und Feiern ein.

Seine Berater waren entsetzt: „Ihr wolltet doch die Feinde vernichten", sagten sie fassungslos.

Der Kaiser antwortete ruhig: „Ich habe sie doch vernichtet, denn ich habe aus ihnen meine Freunde gemacht."

Durch Versöhnung wird ein neues Miteinander in Freude und Frieden möglich.

Großen Frieden haben,
die dein Gesetz lieben;
sie werden nicht straucheln.

Psalm 119,165

Eine Frage der Perspektive

Der griechische Fabeldichter Aesop saß am Wegesrand kurz vor Athen. Da begegnete ihm ein Reisender, der nach Athen wollte. Er fragte Aesop: „Wie sind die Leute in Athen?“

Der Dichter antwortete: „Zuerst erzählt mir, wo Ihr herkommt und wie die Leute dort sind.“

Irritiert entgegnete der Reisende: „Ich komme gerade aus Argos. Ich bin froh, dass ich es verlassen habe, denn die Menschen dort sind hinterhältig und gemein, sie streiten, lügen und betrügen.“

„Ich bedaure“, meinte Aesop. „Die Menschen in Athen werden euch genauso erscheinen.“

Kurz danach kam ein anderer Reisender an Aesop vorbei. Auch er wollte wissen, wie die Leute in Athen wären – und auch ihn fragte Aesop nach seiner Herkunft und den dortigen Bewohnern aus.

„Ich komme gerade aus Argos“, sagte der zweite Reisende. „Dort sind die Leute sehr herzlich, ehrbar und anständig. Es ist schade, dass ich nicht länger dort bleiben konnte.“

Lächelnd nickte Aesop und erwiderte: „Dann werden euch die Menschen in Athen genauso erscheinen."

Es kommt auf unsere Einstellung an, wie wir unser Leben sehen und unseren Mitmenschen begegnen.

Recht und Gerechtigkeit tun
ist dem Herrn lieber als Opfer.

Sprüche 21,3